青森文化

穹蒼妙韻

繽紛化學人生路

何玉芳 著

請原諒我
年輕的我不懂生命很多

　　某日，在天橋邊的牆上看到以上這段文字，立刻觸動了我的心。翻查下，原來此句來自《昨晚夢見你》這首歌，的確很配合此書的寫作目的。

　　一提到化學這一科，就會有很多人皺著眉頭說：「這科很困難呀，要記很多既陌生又死硬的化學品名稱和化學反應，又要理解當中抽象的概念」。

　　在中學時，我學習這科都有很多疑問和不解的地方，使得我都不大喜歡這科，心裏還嘰咕著入讀大學一定不選修這一科！

　　在我生命裏，好像我愈不喜歡的事，就愈有機會要我去面對。可能愈遇困難，我就愈想找方法去解決，反過來，可能有更好的成果。我考入大學時的成績，竟然是化學科成績最好，考獲 A 級，為了保障入讀大學，我選了化學科作為主修科。之後從事化學科的教學工作。

　　在教學多年裏，我同時間都有編寫化學教科書的工作。在書寫課本過程中，讓我慢慢領會更多這一科的精髓。我發現化學的物質世界，與我們的人生很相似。真的很奇妙，人與物在造物主創造下

都有其共通性，由化學物質世界都可以領悟到人生的奧秘，令我開始愈來愈欣賞化學。

另外又由於要幫助學生去理解一些抽象及無趣的概念，我開始把化學的學習內容與我們的人生處世或生活之道掛鈎和連繫，希望把抽象概念具體及生動化後，學生更易掌握學習內容，藉以引發他們對化學科或科學科產生學習興趣，同時更可促進學生生命的成長。其中我以「犧牲小我，完成大我」去解釋鋅的犧牲性保護，去防止鐵生銹，便是一例。我也感謝這種領悟是教學相長的成果。

大約在 1990 至 92 年間，我率先到了多間中學進行校本教師培訓，主講「課室管理」、「塑造良好學習氣氛」、「合作學習」、「學校管理新措施」及「穴位急救」等。在培訓的過程中，我曾把以上的概念與教師分享，並期望可在我有多餘的金錢或退休後，可以書寫一本「化學與人生」的課外書，去把我對人生的體會和領悟在化學世界裏體現出來。記得當時有老師回應，為何你現在不可以寫呢？的確，以後的教學工作是愈來愈繁忙和累人，所以有關教育以外其他的發展活動我都減少了，專心學校裏的工作。

多年教學工作令我身心俱疲，完全欠缺動力去書寫文章。以為我的心願最終會告吹。直至最近，香港新冠病毒的第五波疫情嚴重，為了響應政府的呼籲，我宅在家裏多日。突然一日，靈修祈禱後，腦裏湧現出這個願望，並且開始靈感如泉湧，我揮筆如箭，一口氣在短時間內完成了二十篇文章的初稿。好像是神賜我獨特智慧，將曾經累積及醞釀已久的知識與體會，在短時間裏記錄下來。同時更

穹蒼妙韻

好像在聖靈的感動下，覺得信仰在我編寫的題目下的內容，都有不謀而合的共通之處，所以在每篇再加上我對信仰的領悟。「自從造天地以來，神的永能和神性是明明可知的，雖是眼不能見，但藉著所造之物，就可以曉得，叫人無可推諉」（羅馬書一章 20 節）。我知道今次真可達成我這個願望了，跟別人分享我對化學、人生和信仰的心得。感謝神，是祂引導、帶領與成全。

這本書以擬人法去討論化學知識，可幫助教師教學以及學生學習。這本書不只是一本普通的科普書，它的特色是用一個主題貫穿了非生物或動物界（地界），靈長動物界（人界）和創造主上帝（天界）的共同具有的特徵和現象，有如穹蒼譜出了美妙的韻律一樣。所以內容也可作一般人的人生和信仰方面的一些參考。教師或家長更可借用內容作導線，讓父母與子女，及師生之間互相討論分享生命與人生哲理，更可作為培養德育和生命成長的目的。希望現在的年青人可以懂得處世之道，發展出一個均衡的人格去貢獻社會。

我相信，這本書內容對一般人都是有益的。書內澄清了不少網傳的偽科學，如 pH 值和鹼性食物對人有益的迷思。同時本書也加入一些有趣的，或學生和一般人容易混淆的化學知識，使人能真正認識和喜歡科學。

這書適合基督徒看，也適合未有信仰或不信基督的讀者。事實上，聖經故事及其中的金句都描繪了很多人性，以及人世間裏的常理、反常和無常的現象，以至於處世之道，都令你對這世界充滿積極的盼望而有豐盛的生命。連非生物界（即化學界物質）的表現，

聖經都有提及和連繫。所以，如果你閱讀完此書後，能使你信基督的話，我為你感恩和高興，這是神作的工。事實上，你可以選擇不相信基督，但可欣賞和體會其中互相吻合的妙處，並領悟生命的真正意義。

我感謝在我從事過的工作中，給了我很多試煉，令我對人與物都有很深的體會，也對信仰加強了信心。即使曾被不少人傷害，我經歷過神眷顧下的庇護，所以我堅信神是守護著我，陪我行過死蔭幽谷，並用手托著我，免我腳落在石頭上。

我謹將此書獻給我已去世的父母，並在我生命裏出現過的每一個人，包括親人、上司、同事、朋友及學生等，您們的出現令我生活充滿了色彩和加添了智慧。

在此，特別多謝前香港電台副廣播處長（節目）戴健文先生和白威醫生為我寫序，曹啓樂校長、張偉昌牧師和香港作家 Adelaide 為此書作推介。另外在出版此書的過程中，感謝曹啓樂校長、張玉忠先生、區淑芬老師、蘇逸敏老師和范建梅老師的意見及協助。多謝 Moon 設計封面，及嘉欣和心祈將我腦海中的設計意念繪畫成插圖。

當然，最感謝的是天父，所有成就和福樂都是祂賜予的，一切榮耀都歸於神！

何玉芳

寫於 2022 年 4 月 21 日

穹蒼妙韻

序 二

一個人能以化學的知識，透視人生的智慧，殊非易事。

對我來說，文章裏的化學知識，可算是測驗，算是考試，還記得元素周期表嗎？還記得化學方程式嗎？雖然記憶上有點模糊，但有趣是帶我重溫中學課堂學習的興致，而又可以領悟人生。

認識何玉芳老師已經有三十多年。那些年，我第一眼猜不出何老師是教化學的，還以為她是文科老師，因為她屬性情中人，富感情，重情義。但經歷了這麼多年，你會發覺她是一位不可多得的化學老師。她的化學知識豐富，充滿教學熱忱，又懂得融會貫通，深入淺出，能提起學生的興趣。她有愛心、富自信、好學不倦、愛遊歷；既能訓導，又能輔導，無論你是精英學校的學生，又或基層學校的同學，她都有教無類，你都會被她的教學吸引和轉化！如果要以一個化學名詞作為譬喻，我覺得何老師是「貴氣體」（noble gas）。最常見的「貴氣體」有氦（helium）、氖（neon）、以及氙（xenon）等。它們十分穩定，有足夠的電子，自我感覺滿足，但它們十分有用，就如氦氣很輕，不易燃，必然成為氣球或飛船上升所需的氣體。常見的氫氣球其實大多是氦氣球。何老師這樣的「貴氣體」為學生增添向上的穩定力量。如果你不相信，可以在內文中逐一體證。

何老師有很多強項，其中之一是捍衛科學真理，批判似是而非的偽科學。例如：疫情期間，有人強調鹼性食物的好處，甚至網傳pH 值可以高達 22 ！何老師的回答簡單直接：「絕無可能！一般酸

鹼的 pH 值多在 0-14 之間。」又例如：很多人覺得：「鑽石代表永恆！」何老師便引入時間維度，指出：「物質界內是沒有永恆的東西。如果我們有永恆的生命，就可以見到鑽石轉變為石墨。」科學真的很奇妙！

化學簡單的表面意思是「變化的科學」。「化」字始見於甲骨文，字形由一個頭朝上的人和一個頭朝下的人所組成；一正一反，好像有轉動變化的意思。化學是研究物質的組成、結構、性質以及其變化規律的一門科學。如果用以譬喻人生，「化」字更有教化的意思，何老師巧妙地運用化學現象和反應闡釋人生。我最有印象的一篇是物質世界要「經得起火的試煉」，常言道「真金不怕洪爐火」，在物質世界中，有些物質經得起火煉，穩定不變，但有些物質經不起火煉，會被破壞和崩潰，甚至放出有毒的物質。愈活潑金屬形成化合物時愈穩定。以氧化物（oxides）為例，氧化鉀（potassium oxide）和氧化鈉（sodium oxide）最穩定。可是，她又舉例說氧化銀（silver oxide）及氧化汞（mercury oxide）的表現就極其脆弱。氧化汞受火煉會分解出汞，具有毒性，吸入其蒸氣可令人中毒，甚至死亡。由此可知，物質世界要保持穩定必須要經得起火的試煉，人生也如是；我們要經得起心中的怒火、妒忌的火焰和貪婪之火的火煉。從化學的變化透視人生的修煉，感謝何老師的提醒。

很感謝何老師邀請寫序，但更期待他日在講堂裏，聆聽何老師演繹化學與人生，相信更會情文並茂！

戴健文

鄰舍輔導會副主席

前香港電台副廣播處長（節目）

2022 年 4 月 24 日

穹蒼妙韻

序 三

　　舊約聖經創世紀第一章每一句開章明義地說：「在起初天主創造了天地。」就在天地宇宙初始的這一刻，一個最單純的元素頓然產生，其後，更複雜的元素甚至生命體，隨著時間的移挪逐漸形成。這連串有序的變化正是「化學反應」的結果。因此，如果說：「化學現象是萬物之始，亦是生命活動的根源。」我相信不會有太多人反對。如是者，一位真正能了解化學原理的人會被它所隱藏的神秘感及美感所深深吸引。

　　化學仿佛是連接科學與信仰的一道橋樑。認識化學的恆守性使有宗教信仰的人更能堅守信德；使沒有信仰的人更渴望追尋信仰的真諦。能夠引導讀者真正認識化學的精髓，只有一個同時擁有豐富化學知識及深厚宗教知識的作者才能稱職。我所認識的何玉芳老師正是最恰當的人選。

　　在這本書中，何老師憑著豐富的化學知識，深厚的宗教情懷以及深入淺出的教學技巧，輕鬆地串連起科學理論、宗教哲理以及人生道理三者的關係，成為此書獨一無二的亮點，讓不同階層、不同年齡、不同背景的讀者真正了解科學與人生的奧秘，絕對值得我的推薦。

白威醫生

耳鼻喉專科醫生、
香港中文大學醫學博士、
香港中文大學醫學院榮譽臨床副教授

問題大拆解

這本書內容，為你拆解了以下謎題：

　　各位讀者，請玩個捉迷藏遊戲，試試尋找哪一篇文章破解了以下謎題，並把答案寫在謎題的右方（答案可多於一個）。

1 繽紛化學

科學鑑證中，
怎樣把手指模顯現出來？

吸引力三大法則！

為何冬天時湖面會結冰？

為什麼冰浮在水面而不是沉下水底？

酸鹼度的pH值可以高至22！？

古時煉丹術真可煉成長生不老藥？

鹼性愈高的食物對人體愈有益？

為什麼林則徐是「銷鴉片」
而不是「燒」鴉片？

為什麼鑽石作為婚姻的標誌？

道士的符咒是怎樣
弄出來的？

七彩繽紛的煙花
為什麼呈現五顏六色？

我們飲用的蒸餾水是怎樣來的？
與礦泉水有何分別？

冰與乾冰有什麼分別？
不都是冰嗎？

一些表演裏，有如仙境的雲霧，
是怎樣製造出來的？

核武與核能有分別嗎？

穹蒼妙韻

為什麼鋁窗那麼貴？
用鋁窗好還是用鐵窗好？

非生物都有自我保護的能力？

非生物界都可適者生存？

廚房油污為何不可用水洗淨？

檸檬明明是酸的，為何有些文章
又稱它為鹼性食物？真的令人很混亂啊！

怎樣才可製成鹽結晶體？

漂白水不能與浴室清潔劑
混合使用，為什麼？

物質可否無限溶於水？

為什麼有些貨倉會突然自行起火？

真金不怕洪爐火是什麼意思？

問題大拆解

酸的物質味酸，鹼的物質
是什麼味道？

保持臉部皮膚健康美麗，
為什麼用要微酸性清潔液洗臉？

除了真金不怕洪爐火，
還有哪些物質都是不怕洪爐火？

生理鹽水與普通鹽水有什麼分別？

很多動植物分雌雄，但都有雌雄同體
的動植物，原來非生物都有雌雄同體？

催淚彈有什麼成份？
為什麼會使人流淚？

水果都可製成電池？

穹蒼妙韻

2
人生路

事物或事情如何好像銀幣一樣，有兩面看？

愛情婚姻關係大破解！

怎樣才有燦爛的生命？

如何面對逆境疫境？

如何可寬恕別人過錯？

如何可活得充實自在？

怎樣才有盼望？

發怒對嗎？如何止息怒氣？

如何面對無常的福禍？

世上有永恆不變的東西嗎？

怎樣才可把不快事放下？

有永生嗎？容易獲取嗎？

如何百無禁忌地生活？

什麼叫做成就？

喜樂的元素？

命運是誰定？

如何可增強吸引力？

如何面對病患及離別？

與君子或小人之間的交往
有什麼分別？

如何可呈現七彩繽紛的彩虹的生命？

穹蒼妙韻

17

埋堆結黨對嗎？

為什麼人要改變
不良行為那麼難？

如何建立安全感？

人性本惡，抑或本善？

無相干，
還是無傷肝？

如何建立永久的友誼？

問題大拆解

以下若你可發現到本書已拆解的謎題，
但以上未有提及的，你可寫在下方中：

穹蒼妙韻

目 錄

（一）繽紛化學人生路

（二）總結：人生路四大方向

（三）甜心閣

穹蒼妙韻

（一）繽紛化學人生路

1. 吸引力法則：吸引力與結合力

「原來我們人與人之間的相處，如果要達到和諧共處，彼此之間有緊密的聯繫，我們就要學習化學世界裏的粒子如何結合成物質喇！」

鍵合：維繫人與人之間的吸引力，達致緊密關係

離子鍵：全時間無償付出，不需回報的接受

共價鍵：付出僅有的與朋友互相分享

金屬鍵：「人人為我，我為人人」的互利共享

在這個美麗世界裏的一草一木，都是由一些稱為原子（atom）的基本粒子所組成。不同元素（element）原子之間的不同結合方式，稱為物質結構（structure），就形成了各式各類的物質，例如燦爛奪目的鑽石（diamond）或晶瑩剔透的鹽，五彩繽紛的水晶（gemstone），甚或黑漆漆的碳石。我們利用這些物質，去製造或利用，成為人類日常生活中衣食住行的必需品。

到底這些原子如何結合成各種物質呢？其中主要有三種吸引力，稱為鍵合（bonding）。這三種吸引力分別是離子鍵（ionic bond），共價鍵（covalent bond）及金屬鍵（metallic bond）。這三種吸引力都是十分強大的引力，可以把不同原子緊緊地結合在一起而形成物質。

化學世界裏，有三類元素原子，一類是金屬（metal），另一類是非金屬（non-metal），較少的一類是類金屬或稱半金屬（semi-metal）。我們電腦裏所用的晶片就是由硅（silicone）這種類金屬造成。

吸引力法則一
「全時間無償付出」與「不需回報的接受」
離子鍵（Ionic bond）

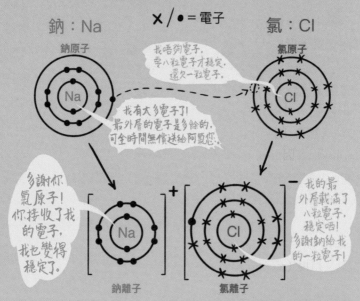

帶正電荷的陽離子，與帶負電荷的陰離子異性相吸。
他們之間的吸引力稱為離子鍵

繽紛化學

　　形成離子鍵的是由金屬原子（metallic atom）和非金屬原子（non-metallic atom）結合而成。金屬原子的外圍有很多層電子層（electron shells），其中最外層（outermost shell）的電子是多餘的，可以貢獻出來。當失去這些帶負電荷（negative charged）的電子時，金屬原子就會形成穩定（stable）而又帶正電荷（positive charged）的陽離子（cation）。

　　這些失去的電子又往了哪裏去呢？原來非金屬原子最外層電子層欠缺電子，需要外來電子來滿足其達致八個電子的穩定性（stability），因而可以接受這些由金屬來的電子。當這些非金屬原子接收了帶負電荷的電子後，就會變成穩定而又帶負電荷的陰離子（anion）。

　　以上一失一得的情況就撮合了金屬和非金屬原子緊密的結合。根據同性相拒（repulsion between same charges）、異性相吸（attraction between opposite charges）的原理，帶正負相反電荷的陰陽離子就會產生甚強的吸引力，這種吸引力使他們緊緊地結合在一起，這種吸引力就稱為離子鍵（ionic bond）。透過陰陽離子互相之間的吸引力而形成巨型離子結構（giant ionic structure）的物質，就稱為離子化合物（ionic compounds）。

　　例如鈉金屬原子（sodium atom）會付出最外層一粒多餘的電子，給欠缺電子的非金屬氯原子（chlorine atom），鈉原子本身便形成了帶正電荷的鈉離子（sodium ion）。

穹蒼妙韻

氯原子接收了鈉原子的電子後，便形成了帶負電荷的氯離子（chloride ion）。正電荷與負電荷的吸引力便將鈉離子和氯離子吸引在一起，因而形成氯化鈉（sodium chloride）化合物（compound），這就是我們日常生活用的食鹽（table salt）了。

人 生 路

上述金屬原子與非金屬原子透過離子鍵的結合方式，這種情況是否與我們人際關係的相處很相似呢！

你曾做過金屬原子嗎？你曾把你擁有中多餘的，全時間無償付出和施予給其他人嗎？例如多出的時間、財富、金錢、幫助、包容、愛、關懷、支持、忍讓、寬恕、善意、同理心、理解、謙卑、慈悲、生活經驗、勸告、工作才華等等。無論是錦上添花也好，雪中送炭也好，這種無條件無償的全時間付出，原來可令你成為一種帶極強正能量和吸引力甚強的人，就等如金屬原子全時間付出了電子，變成引力很強的正電荷陽離子一樣。「要變賣你一切所有的，分給窮人，就必有財寶在天上。」（路加福音十八章 22 節）

話時話，做善事或無償付出不需要大聲疾呼，叫人知道。否則這種付出不算是無償，無須回報，而且叫接受的人可能覺得虛偽或尷尬。即是說，做善事或無償付出要在暗地裏做，叫人受得舒服和自在。「你們要小心，不可將善事行在人的面前，故意叫他們看見。若是這樣，就不能得你們天父的賞賜了。所以你施捨的時候，不可在你前面吹號，像那假冒為善的人。在會堂裏和街道上所行的，故意要得人的榮耀。我實在告訴你們，他們已經得了他們的賞賜。你

施捨的時候，不要叫左手知道右手所作的，要叫你施捨事行在暗中，你父在暗中察看，必然報答你。」（馬太福音六章 1 至 4 節）

另方面，如果別人全時間地向你付出或施予，你會接受他的好意嗎？有些人研究得出，某些國家的文化很特別，不願意去接受他人的恩惠，又或不懂感恩去接受別人的關懷。可能他覺得自己可以解決自己的問題，不想拖欠別人，又或不想別人知道自己的欠缺及軟弱。另外有些人因自卑而抗拒別人的幫助，因為他認為這會令他覺得羞恥。這時候，等於是沒有將自己變成帶負電荷的陰離子，不能與帶正電荷的陽離子產生吸引力，在互相沒有互動下，又怎能建立緊密的交往和聯繫？更可能會發生相斥的現象，雙方產生隔膜。

有付出者，也要有接受者，才能因著施與受的關係而令雙方建立親密的交往。你在日常生活裏有否表現溫柔無抗拒的全面接收者呢？懷著雅量和謝意去接受別人為自己所作出的幫助或關懷吧。不要自卑，雙方就能達到互相了解和親密的接觸和關係。因此，雖說施比受更為有福，若沒有接受者，施予者的福便白費了，毫無價值。

另方面，如果只有索取的人，而沒有付出的人，同樣世界會變成一個孤單貧乏的冷漠世界。

有餘的人無償付出與施予，欠缺的人謙虛去接受，這才會發生吸引力，人與人間就會有強而有力的緊密聯繫和結合，從而這就會形成世界上許多美好和有意義的事物和經歷，創造出美好的人生。

吸引力法則二
雖有欠缺，付出自己所僅有的去互相分享
共價鍵（Covalent bond）

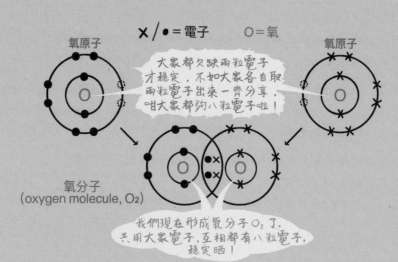

x / • = 電子　　　O = 氧

氧原子

大家都欠缺兩粒電子才穩定，不如大家各自取兩粒電子出來一齊分享，咁大家都夠八粒電子啦！

氧原子

氧分子
(oxygen molecule, O₂)

我們現在形成氧分子O₂了，共用大家電子，互相都有八粒電子，穩定晒！

中間兩對電子與左邊原子有吸引力，又與右邊原子有吸引力，
於是透過這兩對電子，可將兩粒氧原子連結在一起，
它們之間的引力稱為共價鍵。

你欠羽毛球，
我欠羽毛球拍。
你可以付出你的球拍，
我付出我的羽毛球，
大家攞出嚟一齊用！

咁我哋咪可以打得成場波囉！
安樂穩定晒！

共用球與球拍，
分享彼此擁有的，
手拖手，做個好朋友。

繽紛化學

　　非金屬原子又如何與非金屬原子結合呢？它們雖然缺乏電子，為了得到充足的電子求穩定（一般最外層電子需要達到八粒才穩定），它們會各自付出一些電子，與另外一個非金屬原子共用電子（share electrons）。由於共用的關係，兩個原子在需要時都可以使用該些電子對（electron pair），於是這些共用電子對分別與兩個非金屬原子之間形成引力，好像成了中間人一樣，撮合了兩個非金屬原子的結合。它們結合後的粒子稱為分子（molecule），這種引力就稱為共價鍵。例如氧原子不能單獨存在，它的最外層電子層缺乏兩個電子才能滿足。我們呼吸時所需的氧氣，其實是由兩個氧原子各自貢獻兩粒電子，大家就共用這兩對電子。利用這兩對電子，分別吸引這兩個付出的氧原子，於是兩個氧原子就可以結合成為一個穩定的氧分子（oxygen molecule）。

　　水也是由兩個氫原子（hydrogen atom）與一個氧原子（oxygen）利用共享電子來結合成一個水分子（water molecule）。透過共價鍵，可形成很多日常生活中有用的共價物質。燦爛奪目的鑽石都是由碳原子（carbon atom）利用共用電子對，形成堅固而又珍貴的物質。（在另一篇會較詳細介紹鑽石的結構）。

穹蒼妙韻

人生路

在現實生活中，完全富足的人可能甚少，可能某些個別的人會有所欠缺。這時候，如果可以雙方將自己擁有的事物貢獻出來，與另一方欠缺的朋友分享，那麼在分享的過程中，就會享受到與朋友之間愉快的緊密關係。例如，你自己擁有羽毛球拍，但缺欠球，而朋友那方沒有球拍，但卻有球，你們就可各自付出球拍和球，互相分享，於是就可完成一場球賽，促進了彼此的關係了。

你有否付出那僅餘的事物與人分享呢？你有沒有試過與朋友分享的樂趣呢？你有沒有可與你共同分享生活的好夥伴呢？「二人總比一人好，因為二人勞碌同得美好的果效。若是跌倒，這人可以扶起他的同伴。若是孤身跌倒，沒有別人扶起他來，這人就有禍了。再者，二人同睡，就都暖和。一人獨睡，怎能暖和呢。有人攻勝孤身一人，若有二人便能敵擋他。三股合成的繩子，不容易折斷。」（傳道書五章 9 至 12 節）。

（一）繽紛化學人生路

吸引力法則三
「人人為我，我為人人」的互利共享
金屬鍵（Metallic bond）

K＝鉀原子　K⁺＝鉀離子　e⁻＝電子

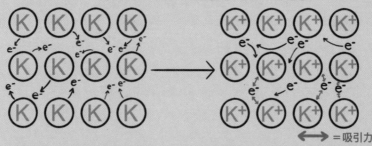

每個鉀原子付出多餘的電子

每個鉀原子付出多餘的電子游走於
鉀離子之間。這些電子稱為離域電子。

$\longleftrightarrow$ ＝吸引力

負電荷的離域電子，與每個帶正電荷的鉀離子，
產生異性相吸的吸引力，稱為金屬鍵（metallic bond）

每人在群體中付出一分力，
就可達致互利共享，團結一心的共贏

繽紛化學

　　金屬原子與金屬原子之間又如何結合成金屬物質呢？金屬原子不會接受電子，只會付出電子。眾多金屬原子一齊付出電子，形成金屬離子。這些電子不限於兩個原子間的分享，而是在眾多金屬離子之間遊走（delocalize between metallic ion）。於是各個金屬離子都可以共享這些電子。帶負電荷的電子在金屬離子之間遊走時，就會與所有接觸過的帶正電荷的金屬離子互相吸引，因而好像黏合膠一樣將金屬離子黏合了在一起。遊走的電子稱為離域電子（delocalized electrons），與金屬離子之間的吸引力稱為金屬鍵（metallic bond）。

　　例如多個鐵原子（iron atom）付出了多餘的電子，這些電子遊走於鐵離子間，於是將每個鐵離子結合在一起而成為鐵金屬。這屬於一種人人付出，齊齊共享的結合形式。

人生路

　　在現實生活中，羣體中人人付出，齊齊共享是一種很理想的形式。人人付出自己具有的，與多人一齊享用，使群體中每人都無缺，這可以發揮團隊協作的精神和利益。當然如果群體中其中有部分人不願意付出，這種共用的「人人為我，我為人人」的互利結合方式就不可能產生了。

　　例如曾有共享單車、共享公園等。但在這類共享中，如果其中有人不肯付出義務，不做好共享時的規則，則團體中的每人便享受不到共享時的樂趣和益處，共享就不可再維持了。

總結應用三大法則

最後，在實際生活中，我們可能在不同時候，會表現不同結合方式的人際關係。

有時候，我們要利用離子鍵，好似金屬原子，有多餘的就要付出，形成金屬陽離子。有時又要好像非金屬原子，謙虛地去接受，形成陰離子，與陽離子緊密結合。

有時候，要利用共價鍵，與朋友互相分享自己的感受和互相幫助，如非金屬原子之間分享電子一樣。

有時候或同時候，如金屬原子一樣，要利用金屬鍵，在群體中付出，使群體得益，同時又共同享受群體的利益。

有不同形式的與人的結合方式，不同的社交關係，才能建立人際間的和諧和歡樂，創造出美滿的生活和豐盛的人生。

這也是「一支竹會易折彎，幾枝竹一扎斷節難！」的道理。

好像人一出生就有很多劣根性，帶著許多人性的弱點，例如軟弱、嫉妒、貪婪、妄斷、口舌是非、姦淫、自私、欺騙、欺凌、詭詐、陷害、邪惡等。綜觀各樣宗教，其中基督教教義，解釋了人類這些罪性的來源。

就是人的始祖犯了罪而脫離了神。原本人是照著神的形象造的，所以本心不壞，都蘊藏了一副惻隱心與良心。但神給人自由意志選擇，人卻選擇了犯罪的路。神為了救贖人類，就賜下救恩，使我們歸回主。

神就如金屬原子一樣無條件地賜給我們救恩，叫我們誠心認罪悔改。人類就可以像非金屬原子，無條件地接受神的救恩。「因信稱義」，意思是不需要任何功德，不需要任何回報的行為，只需虛心領受神的恩典。這樣人與神就可以產生互動，彼此建立緊密的關係，甚至可與神結合為一體，住在神的殿內。我們的一切軟弱私慾的罪性都可因跟隨神而得到改善。但如果好像上述所說，神白白無償賜予人類救恩，而人不去領受的話，神的恩典就是白費了，可惜！

　　「在你的人際關係中，你採用了哪種結合方式與人連繫？你採用了是哪一類的鍵合呢？

　　離子鍵的金屬原子？無條件付出？

　　離子鍵的非金屬原子？無須回報的接受？

　　共價鍵的中的非金屬原子？分享？

　　金屬鍵中金屬？共享？」

2. 孤單高冷一族：
宅男宅女？單身貴族？

「自覺一個人很穩定，不與人溝通交往的高冷一族，在人群中有被稱為宅男宅女，也可以說是單身貴族。在人際關係中，究竟是一人孤獨好，還是合群好？化學界內也有這類物質，一個原子可單獨存在，不與其他原子結合，這種物質稱為貴氣體。」

繽紛化學

前曾討論，很多元素原子都以付出 - 接收或分享電子而成雙成對。即分別利用離子鍵，共價鍵或金屬鍵去結合而形成物質。但有一類非金屬原子，如氦（Helium）、氖（neon）、氬（argon）、氪（krypton）、氙（xenon），它們十分穩定，因為它們最外層已有足夠八個電子（氦只有一層電子，所以兩個電子已很穩定），自我感覺非常滿足，不需接受其他原子的電子，也不會付出自己的電子。它們只以一粒原子的方式孤獨地存在。它們原子間的引力只是微弱的「范德華力」（van der Waals' force）。所以它們粒子之間距離很遠，關係疏離，不互相往還。由於原子之間的引力弱，所以稍為高溫便可破壞它們原子間的引力，因而把原子間的距離拉遠了，因此它們的沸點（boiling point）和熔點（melting point）都很低。在常溫常壓下，它們會呈氣體的疏遠狀態。由於它們這種狀似高貴冷漠不與其他原子結合的性質，所以稱它們一族為「貴氣體」（noble gas），位在化學周期表（periodic table）中的第 0 族。「貴」，有可近而不可

穹蒼妙韻

即的含意，即是說可望見但不可接近，名稱改得十分貼切，所以貴氣體可說是屬於「高貴」的單身貴族。

話說回來，正因為這種「貴氣體」的穩定性，在日常生活中都很有用途。例如很久以前升空的氣球是用氫氣，顧名思義，就是由於氫是眾多氣體中密度最小、質量最輕而命名。但後期發覺，氫氣遇著空氣燃燒會產生爆炸，十分危險。當發現了貴氣體氦氣密度或質量是次於氫氣，而且穩定不易燃燒，於是氦氣便取代了氫氣的地位，成為氦氣球升空大元帥了。另外氖，它在特定條件下會發出明顯的紅橙色光，可用於霓虹燈管或氖燈。而貴氣體尤其是氡都少量存在於空氣中。

人生路

我們人群中是否有一類如貴氣體的高冷族，完全不與人交流和溝通呢？由於科技進步，可能他們可以安穩地宅在家裏，上網自我玩網上遊戲，或購物等，可全時間不與人傾談或交流，完全覺得一個人的存在都很自在和穩定。他們不去關心人，也不需別人關心，與人疏遠，完全不與人建立親密的親人或朋友關係。這類人孤單自我，很易會受挫而表現軟弱。「一支竹會易折彎」！一個人單打獨鬥去面對逆境時，總是會容易被折毀和受到傷害的。

另有一類人可能自覺很本事，又或不想拖欠人，又或性格獨立，所以萬事自己一人處理和解決，可謂是不求人的單身貴族。

你身邊有否這類高傲自恃的「貴氣體」？還是你就是「貴氣體」呢？

孤單高冷一族:貴氣體noble gas

氖：Ne

氦：He　　　Ne　　　氬：Ar

He　　　　　　　Ar

我們有足夠電子，
很穩定，
不需要與人分享電子了！

我們自我覺得很自在，
很安穩，
不需要與人交往了！

他們是宅男宅女？
還是單身貴族？

話又說回來，從另方面看，人大多時候要有社交，與人交往，產生連繫。但有些時候，都需要一個人獨處，安靜下來，自我檢視，與自己的心靈相交，察看自己真正的需要，這可從繁忙社交之外找回自己。因此，人在不同時候也可以有不同的社交表現，能獨處而又能怡然自得，都是其中一種需要的生活態度。當你覺得在熱鬧的人群中都覺得很孤單寂寞時，你更需獨處的時間，與己或與神交流，傾心吐意，尋覓在人群中失落的自己。

　　我是一個比較活躍的人，如果沒有 2022 年 1 月開始的新冠肺炎的第五波疫情，我會代課，或與朋友出外行山、打太極、跳舞、唱歌或旅行等等，無事忙，絕不會一個人靜下來寫書。第五波疫情給我宅在家的機會，獨處安靜的時間多了，與神接觸的時間多了，心思凝聚的力量多了，所以從神賜予的靈感，很快便利用了這段時間成就了這本書。與神同在，的確有很多的驚喜和意想不到的奇蹟出現。我多年未能完成的願望，也在這時眾人都覺得是疫情的艱難時期中完成了。因此，安排一些時間遠離塵囂，獨處安靜也是澄清心靈的好體驗，也可使自己在繁忙交往中有真正休息的機會，身心靈都會煥然一新，可能更會加添了生活上和工作上的靈感。

　　基督教信仰解釋了人要有婚姻關係和合群的關係。神起初造男又造女，是不想人獨居，希望使人有配偶而不孤單。神也希望人與人間會團結互助。

　　另一方面，神又認為，如果為著天國的緣故，單身而有更多精神與時間去侍奉神和為神作工，倒是好事。但始終不是任何人都可領受的。「門徒對耶穌說，人和妻子既是這樣，倒不如不娶。耶穌說，這話不是人都能領受的。唯獨賜給誰，誰才能領受。因為有生

（一）繽紛化學人生路

38

來是閹人，也有被閹的，並有為天國的緣故自閹的。這話誰能領受，就可以領受。」（馬太福音十九章 10 至 12 節）

　　另外，耶穌講道的時候，都有羣眾圍繞祂。但耶穌總會找點時候，離開人群，獨自到曠野祈禱，與神聯繫。基督徒也有退修的時候，他們會找一段時間，遠離熱鬧的環境，在清靜地方獨自一人，讀經祈禱親近神，細心聆聽和默想神的話語，尋覓己與己及己與神的親密關係，並體驗神的同在。

　　「你是否貴氣體？是宅男宅女？還是單身貴族？你身邊有否這類人？
　　當你覺得在熱鬧的人群中都覺得孤單寂寞時，你更要脫離與朋友的交往而獨處，與自己或與神聯繫，充充電，獲取更新的力量。」

3. 犧牲小我，完成大我

「非生物界的鋅、鎂作出自我犧牲，來保護鐵免於生銹，顯示出強者保護弱者，『犧牲小我、完成大我』的精神。神犧牲救贖全人類的罪，都是例子。人既為萬物之靈，更可以做得到這種高尚情操！」

繽紛化學

鎂（magnesium）和鋅（zinc）真偉大，自我犧牲保護鐵！

在芸芸的金屬中，鐵金屬（iron）的用途廣泛，最常用來製造我們日常生活中的物品或大型結構。例如未普遍使用鋁窗之前，我們用的窗框都是用鐵造的。另外一些大橋、鐵欄，大輪船的船身，又或小至剪刀等也是主要由鐵造成。

大量使用鐵的原因是它價格廉宜，性質堅固，而且加入碳之後，就可形成更為堅硬的鋼（steel）。但鐵屬於一種頗為活潑（reactive）的金屬，若暴露於空氣中，它會與空氣中的水和氧（oxygen）產生化學反應，因而被氧化（oxidized）生成鐵的氧化物〔稱為水合氧化鐵（III），hydrated iron (III) oxide〕，這就是呈現紅棕色粉末狀的鐵銹（iron rust）了，這種過程稱為鐵生銹（rusting）。鐵銹會附於鐵的表面，但是鐵銹的附著力並不穩固，鬆散而又容易剝落。當生成的鐵銹剝落後，鐵又再暴露於空氣中，因此不斷繼續生銹，鐵銹繼續剝落，如此不斷的氧化反應和剝落，結果弄致整塊鐵的結構損毀破壞，所以鐵生銹是一種破壞過程。

（一）繽紛化學人生路

犧牲小我 ， 完成大我

耶穌被釘十字架，第三天復活。
犧牲自己，
去完成救贖全人類的偉大工程，
實踐了為人類捨己大愛的模範。

那麼，如何可保護鐵器，以致可長久使用？

除了鐵可以與空氣中的氧和水產生反應外，另外有一些金屬比鐵更活潑（more reactive），更易與氧產生氧化反應，例如鋅（zinc）和鎂（magnesium）金屬。

若把鐵的表面鍍上一層鋅（zinc-plating），便可製成鍍鋅鐵（galvanised iron）。這種方法，鋅可隔絕氧氣和水，防止與鐵直接接觸，使鐵受到保護而不會氧化生銹。同時，即使鋅保護層被刮花或少許剝落，它仍能保護露出的鐵，使鐵不會生銹。原因是鋅較鐵活潑，鋅會先與氧和水反應，當所有的鋅腐蝕後，鐵才會開始生銹。這種利用較活潑的金屬「犧牲」自己，以防止鐵生銹，稱為「犧牲性保護」（sacrificial protection）。

我們常將輪船船身連接鋅或鎂來防止鐵受海水侵蝕而生銹，而巨型地下水管也是連接鎂和鋅來防止鐵管生銹的。鋅和鎂真正成為了「犧牲小我，完成大我」的英雄。鋅和鎂活潑性較高，鐵較低，這也代表著物質界強者保護弱者的例子。

人生路

在人類的世界裏，國家社會或群體就是一個大我，個人就是一個小我。在一個進步而文明有文化的國家裏，既要保護個人的權益，群體或國家的權益更不可忽視，否則就可能會導致國破家亡，家破人亡的地步。

如果個人的權益和國家或群體的權益發生衝突，那麼犧牲了個人的權益，去成就群體或國家的權益，這就是「犧牲小我，完成大我」的捨己精神。這是個人在團體或國家中的義務，也應是權利，也可以說是損己利人的大愛做法，是個人促進社會發展的一種貢獻。

　　例如 2022 年 1 月香港受新冠病毒 omicron 第五波的影響，初時只是百人感染，後期因為有確診和隱性患者沒有受到隔離，結果弄致過百萬人受到感染。此刻，願留守在家，或家居隔離，或到檢疫中心隔離的人士，就是犧牲個人自由的權益，避免社會更多人受到感染的風險，成就社會免陷於崩潰。這都是屬於一種「犧牲小我，完成大我」的捨己行為。

　　另外，在這疫情中，許多祖國及香港的醫護人員，甚至是一般平民百姓，冒著被傳染的風險，無畏無懼，走入確診人士群體中，親身照顧及貢獻給確診者。這種無怨無悔的付出，即使赴湯蹈火也在所不惜，是令人十分敬佩的「犧牲小我，完成大我」的精神。無病去照顧有病的，有錢有力的資助抗疫包及日常物資，去送給欠缺的患者，也是強者保護弱者的大愛行為。

　　我又見到「犧牲小我，完成大我」在基督教信仰中呈現出來。聖經說，人的始祖犯了罪，虧缺了神的榮耀，導致人類因罪而面對人間的生、老、病，最終要死亡的境況。神以祂的大愛，讓祂的獨生子耶穌道成肉身，降生為人，成為基督，被釘十字架，以自己的身體和寶血來拯救人類，使我們的罪得救贖赦免，使人類可重獲永生的道路。「神愛世人，甚至將祂的獨生子賜給他們，叫一切信祂的，不至滅亡，反得永生。」（約翰三章 16 節）

穹蒼妙韻

以上這種自我犧牲捨己的愛，帶給人類永恆的福音，不至滅亡，反得永生。這像不像鋅和鎂的自我犧牲，來保護鐵品整個結構，免於銹蝕而損毀崩潰呢？神實踐了「犧牲小我，完成大我」的捨己偉大事蹟。

我們對這類非生物界，人類及基督的捨己行為加以敬佩和尊敬！並以之作為模範！

「在你的一生裏，你做過強者嗎？你有照顧過弱者嗎？甚至不顧自己利益去保護別人或幫助別人嗎？你有為群體的權益而犧牲自己的權益嗎？

若然我們小小的犧牲會帶來更大和更多人的利益，那又何樂而不為？」

4. 蟻多摟死象（一）：
群眾力量，以多欺少

「蟻多摟死象，這種在眾多蟻下的群體力量，令生物界的強者大象也要屈服跌倒。在非生物界，水分子數目多時所顯現的群眾力量，也可拆毀了食鹽的結構而使食鹽溶於水。另方面來說，蟻多摟死象，正又代表著以多欺少的現象，變成破壞行為。群眾力量，屬好屬壞，視乎行之是否有道。」

繽紛化學

為什麼食鹽（氯化鈉）可以溶解於水呢？

這是基於氯化鈉（sodium chloride）是由帶負電荷的氯離子（chloride ion）和帶正電荷的鈉離子（sodium ion）結合而成。水分子原來是一種極性分子（polar molecule）。所謂極性分子，是這個水分子的一邊帶微量正電荷（δ+），而分子的另一邊帶微量負電荷（δ-）。

由於異性正負電荷相吸的原理，當鹽放進水時，水分子帶微量負電荷的一邊會接近帶正電荷的鈉離子。另方面，水分子帶微量正電荷的一邊會接近帶負電荷的氯離子。一個水分子只帶微量正負電荷，不足以破壞氯離子與鈉離子之間強大吸引力（離子鍵），但水分子多，由於水（人）多勢眾，在「蟻多摟死象」的情況下，眾多的水分子的吸引力就積少成多，最後形成強大的力量，把鈉離子

與氯離子拆散分開。氯離子和鈉離子分開後，就被眾多水分子團團圍著，在水中各自游離，於是我們便看見一粒粒固體的食鹽氯化鈉溶於水中而消失了。因此，凡是離子化合物，例如硝酸銀（silver nitrate），硫酸銅（II）〔copper（II）sulphate〕，碳酸鉀（potassium carbonate）等等，都是用基於這種原理溶解於水。

〔如果氯化鈉食鹽數目多了，換言之，象數目不只一兩隻，而是出現成群時，那麼「蟻多摟死象」的情況會出現嗎？即食鹽會無限量地溶於水嗎？後續於「蟻多摟死象（二）」〕

人生路

在我們的人生裏，很多時都會說「蟻多摟死象」，「團結就是力量」，「眾志成城」，這在化學的物質世界內都印證了這種現象。一個人的力量可能如細小蟻般，拼合起來的力量就可以抵擋一隻巨型的大象。力量雖是微小，也可集腋成裘。又有道，「三個臭皮匠，勝過一個諸葛亮」。一個人的智慧雖小，集合多人的智慧便可與大智慧的人相抗衡。凝聚微小的力量，成為群眾的團結力量，可以甚為巨大，可破壞或建造起堅固的城牆或堡壘，可以移山填海，可救急扶危，可以影響整個社會國家的盛衰。

如果群眾的力量用得好，就可以「眾志成城」，造成建設力量。如果群眾力量用在錯誤的地方、或錯判，就會形成更大的破壞。在以上化學物質界裏的例子，氯化鈉的氯離子和鈉離子本來以離子鍵（ionic bond）方式很緊密連結在一起，但都可被眾多微弱水分子吸力所分開破壞。因此，我們要好好運用這種群眾的力量，不可做出

蟻多攄死象（一）

「以多欺少」的欺凌行為，更不可以具有羊群心態，盲目成為一群，被人誤導或利用，而對他人或社會做出破壞或毀滅的群體行動。

聖經都曾提及群眾力量和欺凌例子。

在聖經新約內，提及了耶穌到處治病及趕鬼，很多人追隨他。但這班追隨群眾敵不過一些民間長老、祭司長及文士的嫉妒力量。他們捉拿耶穌到當時猶太的巡撫（地方的分封王）彼拉多及希律面前，誣告耶穌誘惑國民，禁止納稅給該撒，並說自己是基督。雖然兩位巡撫都覺得耶穌沒有作出任何惡事，但群眾在祭司長的挑唆下，催逼彼拉多，寧願釋放一位殺人因犯，都不釋放無罪的耶穌。「彼拉多說，你們要我釋放猶太人的王給你們麼。他原曉得祭司長是因為嫉妒才把耶穌解了來。只是祭司長挑唆眾人，寧可釋放巴拉巴給他們。」（馬可福音十五章 9 至 11 節）

彼拉多在這群眾壓力下，為了討好群眾，就照他們所求的定案，把耶穌釘上十字架。「彼拉多要叫眾人喜悅，就釋放巴拉巴給他們，將耶穌鞭打了，交給人釘十字架。」（馬可福音十五章 15 節）。這種群眾壓力居然可以令到一位地方王就範，可見群眾壓力錯用時的極壞後果。

群眾壓力在被挑唆下錯用了，不過幸好這是神一早預備的，為要成就耶穌基督被釘十字架為我們而死，救贖我們的罪。但如果真的出現在我們現今社會裏，這類群眾力量就有如魔鬼，可做出了極不公義和極大冤屈的行為和破壞。

另外，耶穌在被釘十字架時，都受到兵丁的鞭打、戲弄、譏諷和侮辱。因此，在以多欺少的情況下，人性很易暴露弱點，趁勢欺凌。我們真的要很小心免被羊群心態帶動，而暴露人的罪性去傷害別人。

　　「你有試過跟隨一群人一齊去爭取一些目標嗎？
　　你有沒有評估過這種羣眾行為是善用了或是錯用了呢？
　　希望群眾的力量可以善用，幫助他人，造就社會。」

穹蒼妙韻

5. 蟻多摟死象（二）：
勢均力敵，旗鼓相當

「蟻多就可以摟死象啫！如果蟻多象也多呢？這就可能扭轉形勢和局面，形成勢均力敵，及旗鼓相當了。若放在人生裏討論，就是達不到以多欺少的目的了。」

繽紛化學

網傳 pH 值可以高至 22！絕無可能！

pH 值一般大約只在 0-14 間？為什麼？

先談回鹽溶於水的情況。

鹽溶於水的數目，其實不會無限量，都有特定限度，這個限度叫溶解度（solubility）。

即是說，鹽及水的數目比例，達到一個限度，鹽及水就形成「勢均力敵，旗鼓相當」，不分上下的形勢。水的數目比例不夠多，就再不能打破鹽內氯離子與鈉離子的吸引力，鹽就不再溶於水了。所以如果加入太多鹽於水時，有些鹽不再溶於水，你會見到不溶於水的鹽仍呈固體晶粒狀懸浮於水中。

同樣，酸和鹼的酸鹼度 pH 值，都是要靠水來溶解酸（acid）和鹼（alkali），才可以表示出一個 pH 值來。如 1M 的強酸氫氯酸（strong hydrochloric acid），即酸與水的數目比例是 1:57，酸相對少，水分

蟻多摟死象（二）

勢均力敵，旗鼓相當

蟻雖然多，但敵不過這麼多大象

⊕ ：鈉離子 Sodium Ion

⊖ ：氯離子 Chloride Ion

💧 ：水分子

δ^+：微量正電荷

δ^-：微量負電荷

食鹽氯化鈉（NaCl）

氯化鈉數目增多，
水不夠數目溶解全部食鹽。

水呀，
你們的數目不多，
拆毀不了我們了！
我們數目增多了，
現在我們是勢均力敵，
旗鼓相當。

子相對多。這時，有足夠的水分子，可形成「蟻多摟死象」的情況，把氫（hydrogen）與氯（chlorine）的吸力破壞。氫氯酸可以全部溶於水及電離（ionize），生成 1M 的氫離子（hydrogen ion），所以 pH 是 0（計算方法見備註）。但如果是濃度（concentration）很高的酸，如 6M，即酸與水的數目比例大約是 1:10，變成酸相對多了，水少了。這時，水分子的數目大不如前，以其微小的引力，就不足以溶解及電離所有的酸，所以氫離子濃度會少於 6M，計算下，即 pH 值會大於 -0.78，不會少於 -0.78。而通常很少會有酸性物質的 pH 值會少於這個又強又濃的氫氯酸了。

而鹼方面，1M 強鹼（strong alkalis）氫氧化鈉（sodium hydroxide）的 pH 值是 14。而氫氧化鈉在攝氏 25 度的溶解度（solubility）是大約每 1,000ml 水可溶解 114g 氫氧化鈉，即有 28.5M 的氫氧化鈉。計算下，飽和氫氧化鈉下（saturated sodium hydroxide）的強鹼 pH 值都只是 15.4，一般物質的鹼性（alkalinity）都不會比氫氧化鈉強，所以酸鹼度 pH 值，不能再超過這個數值了。氫氧化鈉是有強烈腐蝕性（highly corrosive），常用作通渠劑，俗稱苛性鈉（caustic soda）。1M 氫氧化鈉的 pH 值都已是 14，若 pH 值超過 14，可想而知腐蝕的破壞力有多強。日常食物或代謝後的物質的鹼性不及氫氧化鈉強，所以一定不會超過 pH14。

我們的身體的血液更不容許太高或太低的 pH 值。我們有一個平衡的身體，體內有機制控制 pH 值。縱使我們進食了過多酸性或鹼性的物質，血液中都有一種物質稱為緩衝溶液（buffer solution），用來控制我們身體的酸鹼度，亦即是 pH 值。

（在另一篇「維持社會穩定的執法人員」會解釋「鹼性愈高愈有益身體」的謎題）

總結來說，一般酸鹼的 pH 值多在 0-14，超過 14 或低於 0 是很罕有的。坊間或某些網上互傳訊息中，強調一些鹼性食物的好處，還說有些食物 pH 值可高至 pH22，這全是似是而非的偽科學！

附註：pH = -log（氫離子濃度）

M 是化學科範疇用以表示濃度的單位。即是每 1,000ml 溶液中含溶質的摩爾數目。

摩爾是化學科常用的數目單位

人生路

新聞間中有提及，香港有些學校的學生，喜歡用「以多欺少」的欺凌行為，來換取他們的快樂。以個人來說，即使是個性強硬（就如大象的強大），真的很難「以寡敵眾」，很容易被欺凌行為所蠶食，最後可能弄致自殺的地步。當然欺凌行動是不當，需好好處理。

如果你遇到這種被欺凌的情況，應該找多幾隻大象，即是說，找多些朋友做伴，不要孤身一人。又或找一些更強大的人，如老師、父母、社工，甚至執法人員，才能造成「旗鼓相當」，停止這種「以多欺少」的行為。否則這種欺凌行為就會永無終止。當然不是暗示你以人多去互相爭鬥，而只是表示有需要時，就要尋求別人的幫助，要明白「一枝竹會易折彎，幾枝竹一扎斷節難」的道理。

當然如果我們受到欺凌時，不心懷怨恨，我們可以學習去寬恕人。寬恕其實有很大力量，令欺凌者會自咎而有所改善。「那時彼得進前來，對耶穌說，主啊，我弟兄得罪我，我當饒恕他幾次呢，到七次可以嗎。耶穌說，我對你說，不是到七次，乃是到七十個七次。」（馬太福音 19 章 21 至 22 節）。這段聖經經文是暗示我們要不斷地饒恕得罪我們的人，因為神都饒恕了我們的罪。

　　另外，你有沒有覺得，你雖然可能對一些觀點很有見地，但如果很多人都不理解或認同你時，你會覺得「孤掌難鳴」，被眾人針對，「眾人皆醉你獨醒」，就好似大象被一群蟻咬一樣不自在。這時，你一定要找同類見解的人支持你，在這樣的情況下，你才可以與該些人「勢均力敵，旗鼓相當」，自己的思想見地才不會被群眾所溶化。

　　因此，找找與你思想、能力相同的朋友，在各種事情上都共同進退吧！你才會立身處世，思想不被淹沒，也不覺孤單無援。

　　其實不只人會受到欺凌，聖經提到耶穌基督被眾文士、祭司長捉拿時，和釘上十字架時，都有受欺凌被羞辱的事，「兵丁把耶穌帶進衙門院裏，叫齊了全營的兵。他們給他穿上紫袍，又用荊棘編作冠冕給他戴上。就慶賀他說，恭喜猶太人的王啊。又拿一根葦子，打他的頭，吐唾沫在他臉上屈膝拜他。」（馬可福音十五章 16 至 19 節）。但耶穌有自天父而來赦罪的權柄，自然也寬恕了他們。耶穌被釘十字架時，當下耶穌說：「父啊，赦免他們，因為他們所作的，他們不曉得。」（路加福音二十三章 34 節）。耶穌基督反而為釘十字架的兵丁求情，是多麼寬大的心呢！

「你受過欺凌嗎？或你曾欺凌別人嗎？你當時是如何處理這些事情？

　　如果你可以強如耶穌基督，受到欺凌時會如耶穌基督一樣，理解對方得罪你的背後原因，以饒恕的心去對待。又或依靠神，堅信基督的道，神就與你同在。神就是你的後盾，你也不易被人磨蝕及溶化。」

6. 物以類聚、臭味相投、水溝油

「物以類聚、臭味相投、水溝油，不只是人生的社交群體中見到，在物質界內也是如此。*Like dissolves like*，信與不信不能共負一軛，埋堆與不埋堆都是正常。」

繽紛化學

前曾述及，同性相拒，異性相吸。正負電荷的物質會相吸，帶相同電荷的物質互相排斥。或一個帶電荷，另一個不帶電荷之間都是沒有吸引力。利用此原理，可以解釋人生裏，彼此雙方性格不合時，常產生拗撬、矛盾，最後可用水溝油來形容。

水為何與油不相容，溝唔埋？所謂「道不同，不相為謀」。原因水是極性物質（polar substance），分子兩邊分別帶微量正（δ+）及微量負電荷（δ-），而油分子是非極性（non-polar），即分子不帶正負電荷。因此它倆便不可互相吸引，反有排斥現象。兩者混合時，油密度（density）較水小，油就浮在水面上，分成兩層，表示著你有你地頭，我有我地頭，互不相干。

相反，極性物質水，可溶解帶正負電荷的離子化合物（ionic compound）。而非極性油可溶解非極性物質如酒精（alcohol）和電油（gasoline）。因此，酒精和電油可用以去除油污（oil grease），而水卻不能。這就是物以類聚（like dissolves like）的例子。

物以類聚，臭味相投，水溝油

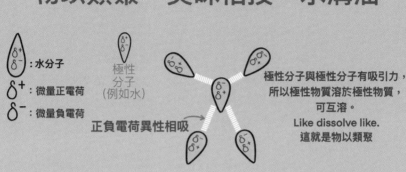

💧 δ⁺ δ⁻ ：水分子

δ⁺ ：微量正電荷

δ⁻ ：微量負電荷

極性
分子
(例如水)

正負電荷異性相吸

極性分子與極性分子有吸引力，
所以極性物質溶於極性物質，
可互溶。
Like dissolve like.
這就是物以類聚

好臭啊！仲有毒！

係呀，我們「臭」味相投，
埋堆排在周期表的第Ⅶ族。
連「沸」沸闡到「氯」氣都覺得
好「臭」「興」床與席！

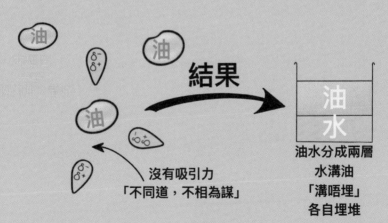

油

油

油

結果

油
水

油水分成兩層
水溝油
「溝唔埋」
各自埋堆

沒有吸引力
「不同道，不相為謀」

至於臭味相投，就不得不提提鹵素（halogen）這個家族。鹵素一族是在化學周期表的第 VII 族，分別有氟（fluorine）、氯（chlorine）、溴（bromine）和碘（iodine）四種元素。如果想容易記著他們名字的話，可以串成為「狒狒（氟）聞到氯（氯）氣覺得很臭（溴）典（碘）床典席」。這句話亦帶有含意，形容了鹵素一族的共同特性，就是臭（帶刺鼻的臭）且有毒，臭和毒令人典床典席，真的想死一樣。氟、氯、溴和碘果真是臭味相投一族！

　　氟是微黃色的氣體，但很難在自然界中存在。氯是黃綠色氣體，故名氯。溴是紅棕色帶有揮發性的液體。碘是黑色的固體，但易昇華變成紫色的碘蒸氣（在不翼而飛一篇內會有詳述。）。因此，鹵素是危險一族，吸入其蒸氣後，隨時致命。

　　雖然如此，人類卻善用了它們的特性。氯氣是製成漂白水（bleaching solution）的主要成分。漂白水的刺鼻氣味就是氯氣（chlorine gas）的氣味。漂白水帶有強烈腐蝕性（highly corrosive），所以用漂白水時要稀釋，不宜太濃，否則吸入過多釋出的氯氣就會中毒。氯及碘的毒性都可用來殺死細菌消毒，所以用漂白水可消滅新冠病毒，另外把碘溶於酒精製成碘酒（iodine tincture），就可日常用來消毒我們受損的皮膚。而溴是製成催淚彈的成份之一，它可溶於我們的眼、鼻黏膜上的黏液而產生刺激作用，因而使我們流淚，以及呼吸有窒息感覺。用大量清水清洗並作深呼吸都可舒緩不適感覺。

　　很多時，漂白水盛載瓶上會標註：「切勿與其他浴室清潔劑（toilet cleaner）混合使用」。原因是浴室清潔劑多是含酸（acid），漂白水與酸混合就會釋放出大量有毒的氯氣，所以要十分小心。

人生路

　　人生裏找到志同道合的人，就會產生物以類聚的現象，亦即是俗稱「埋堆」。所以要知一個人的性格，可從其相交的朋友的性情，大約可知這人一二。

　　「埋堆」都是有好處的，因大家有共同的喜好和性格，會較易分享認同彼此的觀點，建立較密切和諧的關係，使你不會覺得孤單無援。但埋堆而又結黨謀私，就會產生不良影響，可能會玩排擠，以及產生群組之間不和的競爭了，最後甚至彼此變成敵人，互相攻擊傷害，不只變成水溝油，還變成水火不容，造成極度排斥現象。

　　每人都有其自由思想和發言權，應做到彼此和而不同，不可因觀點志向不同而抗拒對方或仇視對方。互相包容和接納是人類獨有的良好品性和情操，其他動物類卻不會擁有此種性情呢！我們要珍惜作為人類是萬物之靈的特質。

　　其實每類群組都可按各自群組的特性而加以善用，就如鹵素一族的氟、氯、溴和碘含有毒性，但加以善用後，便能造福社會。

　　社會上有不同的宗教，都是各自基於不同信仰價值觀而埋堆的群組。雖然聖經有說「信與不信，不能共負一軛」，但沒有提到要互相攻擊，宗教之間都要彼此尊重。

　　基督教的埋堆，基於信仰上，是有創造主和救贖主。創造主創造了人，但人的始祖犯了罪，神就派了耶穌基督這位救贖主來到世界，以致我們的罪可得赦免，獲得永生。「悔改認罪，因信稱義」是基督信仰埋堆的基本條件。

穹蒼妙韻

即使一個宗教內，又因人性格各異，都會有埋堆結黨情況，教會的教徒不免都有這種現象出現。就如當年保羅寫給他在歐洲建立第一個教會的信內提及，囑咐信徒不可結黨，當以基督的心為心。若然結黨排斥，就不是基督內的好弟兄了。「凡事不可結黨，不可貪圖虛浮的榮耀，只要存心謙卑，各人看別人比自己強。各人不要單顧自己的事，也要顧別人的事，你們當以基督耶穌的心為心。」（腓立比書二章三至五節）

任你如何埋堆，在基督教的主內，神的最大兩條誡命，第一要愛神，第二要愛人如己，愛裏應沒有毀壞和傷害的事情！「主我們神，是獨一的主。你要盡心、盡性、盡意、盡力、愛主你的神。其次，就是說，要愛人如己。再沒有比這兩條誡命更大的了。」（馬可福音12 章 29 至 31 節）

「你有試過埋堆結黨營私的情況嗎？又或只是埋堆而不結黨？
你試過因著別人觀點不同而仇視他，甚至由友變敵嗎？
你認為你自己對別人的立場和觀點可做到和而不同嗎？」

7. 燃燒自己，發光發亮：
七彩燦爛繽紛的世界！

「不甘於平平無奇的生活，燃燒自己的生命，付出貢獻，發光發亮，以生命連繫生命，顯現出七彩繽紛的世界。」

繽紛化學

化學界內的金屬在常溫常壓下，都會平平無奇地表現金色（金）或銀色（如銀或鐵等）或紅棕色（銅）。而金屬形成化合物時，都大部分呈現白色的固體。多麼不搶眼呢！

但當把這些金屬或金屬化合物燃燒時，它們各自會發出五彩繽紛光亮耀眼的焰色（flame colour）。例如燃燒鈉化合物（sodium compound），可以發出金黃色或橙黃色的火焰顏色；燃燒鉀化合物（potassium compounds），發出紫色焰光（lilac flame）；燃燒鍶化合物（strontium compound），發出血紅色焰光（blood red flame）；燃燒銅化合物（copper compound），發出藍綠色焰光（greenish blue flame）；燃燒鈣化合物（calcium compound），發出磚紅色焰光（brick red flame）；燃燒鋇化合物（barium compound），發出蘋果綠色焰光（apple green flame）；燃燒鎂化合物（magnesium compound），發出耀眼的白光（bright white light）。彩虹七色盡顯在這些燃燒的過程裏，好一個燦爛繽紛的世界！

其實，在節日裏我們看到的煙花（fire work），就是利用金屬化合物這種燃燒時的特性。我們在煙花裏加入了一些金屬化合物及火

藥。當我們燃點火藥時，火藥產生爆炸，所放出大量的熱能就會將金屬化合物燃燒起來，於是即時呈現各種耀眼奪目的焰光了。

他日你觀賞煙花展，如果煙花分別或同時爆發出紅、橙、黃、綠、藍、紫或白色焰光時，你可以大聲呼叫出它們的名字了：「嘩，鍶鋇呀！」，「嘩，鎂鉀呀！」……嘩，好不精彩熱鬧！

人生路

人一生出來，在天賦上一定會有某些才能或恩賜，不會是一無是處的，也不會是一個人獨具所有的智能。每人各有自己的天份，例如繪畫、音樂、文學、藝術、科技、運動等，這些天份是否可展現人前，最重要是他由天賦予的潛能是否可以被發現及發揮。

一個人具有潛能，如果他只滿足於平平無奇的生活，隱藏自己，他的潛能可能就會被埋沒了。如果人可以好像金屬化合物一樣，燃燒自己，拼發出自己的活力和能量，在一切可行的事上盡力而為，發揮天賦的才能，貢獻社會，努力並主動承擔責任，總會受人賞識，呈現出擁有自己色彩的人生。「你們是世上的鹽，鹽若失了味，怎能叫他再鹹呢。以後無用，不過丟在外面，被人踐踏了。你們是世上的光，城造在山上，是不能隱藏的。人點燈，不放在斗底下啊，是放在燈台上，就照亮一家的人。你們的光也當這樣照在人前，叫他們看見你們的好行為，便將榮耀歸給你們在天上的父。」（馬太福音五章 13 至 16 節）。各人盡顯天份，各自發揮，再而集合社會各人發出不同的色彩和貢獻，就會如煙花一樣的景觀，形成七彩繽紛美麗和精彩的世界。

各種金屬化合物 燃燒起來，
發出各具特色的焰光

你熱心主動去展現自己的才華，還是被動地守株待兔式等候著伯樂去慢慢發掘你呢？！

燃燒自己，並不表示是在任何事上要不擇手段爬上高位，又或利慾熏心去踐踏別人，抬高自己，顯露人前。真正燃燒自己是盡心、盡性、盡意、盡力去發揮自己所長，發出光輝。我在教育工作崗位上，最喜歡前線面對學生的教育工作，所以我不願意與人競爭，不求登上更高的行政崗位，深知「人在江湖，身不由己」、「權力令人腐化」的道理。

我明白人生不能所有都屬於自己的，有得就有失。因此，我選擇把人生的全時間放在造就學生上、放在豐富自己各樣知識上、放在與人分享上、放在遊歷世界上。這才是我所希望的充實、滿有成就而又光彩燦爛的人生。

聖經內提到，耶穌設立了十二門徒，這十二門徒各自都有自己的個性、長處及缺點，但都給了他們有傳道與趕鬼的恩賜。

耶穌基督的犧牲，第三日復活，燃點了很多人的生命。神賜給門徒恩賜，創立教會，在教會侍奉神，並把福音傳至世界。在宣教的過程中，神也賜下了宣教士背起十字架的恩賜，他們燃燒自己的生命來傳講天國的福音，無怨無悔，抵受不同時代不同地方對基督徒的逼害。基督徒的犧牲及殉道的例子不計其數，最後基督救贖的福音傳遍世界各地。可見是基督徒為真實的信仰而燃燒自己的結果。

另外，神賜給我們不同的資質和才能，總不會缺乏。神不會計較人誰富誰貧，誰高位或誰卑賤，只要他盡力承擔，付出他擁有的，釋放自己生命的光彩，神就會喜悅。「各人要照所得的恩賜彼此服

事，作神百般恩賜的好管家。若有講道的，要按著神的聖言講。若有服侍人的，要按著神所賜的力量服侍。」（彼得前書四章 10 至 11 節）

「你的生命色彩又會呈現出什麼焰光呢？
是鈉的金黃色？
是鈣的磚紅色？
還是銅的藍綠色？⋯⋯
又或是各種光彩都有？」

穹蒼妙韻

8. 小三真的能破壞別人的婚姻嗎？

「第三者的出現，對婚姻會造成危機，這時就要看你與另一半的結合力強，還是另一半與第三者結合力強，要互相『拗吓手瓜』了。」

繽紛化學

前曾述及，金屬原子會失去電子形成陽離子（cation），非金屬原子會獲取電子形成陰離子（anion）。陰陽離子產生正負電荷異性相吸的吸引力（離子鍵，ionic bond）因而結合成一種離子化合物。陰陽離子的結合關係就好比夫婦的婚姻關係。

但是否所有金屬付出電子的易度都一樣呢？答案：「不是」。

金屬的活潑性次序：（由高至低）

鉀（K）、鈉（Na）、鈣（Ca）、鎂（Mg）、鋁（Al）、鋅（Zn）、鐵（Fe）、錫（Sn）、鉛（Pb）、銅（Cu）、汞（Hg）、銀（Ag）、鉑（Pt）、金（Au）

較活潑金屬的意思是較易失去電子形成陽離子。例如鉀活潑性最高，最易失去電子形成陽離子。而金活潑性最低，所以金最穩定，不會形成陽離子，保持金獨有的金色美顏，所以有「真金不怕洪爐火」的稱謂。又例如鈣較鋁易失去電子形成陽離子。

小三真的能破壞別人的婚姻嗎？

電子 = 愛+關懷+包容+體諒+溝通+..........

較易失去電子的，較易形成陽離子，會與非金屬所形成的陰離子結合成較穩定的化合物。這可比喻為婚姻關係，只要其中一位配偶愈願意付出愛、關懷、耐性、體諒等，這樣的婚姻關係就愈穩定，就愈不易受第三者影響。例如氯化鎂較氯化鋅穩定，而氯化鋅也較氯化銅穩定。眾多化合物中以氯化鉀和氯化鈉就最穩定，即是最恩愛的夫妻典範。你希望你的婚姻關係是屬於哪種化合物呢？

　　如果婚姻關係出現第三者：小三！

　　當這對夫婦遇到一位單身人士，例如當氯化鋅溶液（zinc chloride solution，由氯離子與鋅離子結合而成），這對夫婦遇著鎂金屬（magnesium）這位單身人士，鎂就成為小三。因為鎂金屬較鋅金屬活潑，所以鎂就把電子給了鋅離子，鎂變成鎂離子，鋅離子被逼變回鋅金屬。最後鎂離子搶去了鋅離子的位置，與氯離子結合成較穩定的氯化鎂，而鋅離子被逼接收了鎂的電子後，便與氯離子離婚而變回單身的鋅金屬了，這也是汰弱留強的結果啊！較活潑的金屬會較易形成陽離子，較易與陰離子結合，即是說較活潑的金屬形成的陽離子會與陰離子有較大的吸引力。較易付出的會較易取代另一位的位置。

　　相反，如果氯化鋅溶液遇著銅金屬（copper），由於銅金屬不及鋅活潑，即是說銅的電子不易付出，而鋅是較易付出，也表示銅離子與氯離子的吸引力較弱，所以不能置換鋅離子的位置。銅這個小三就不可能破壞這對夫妻關係了。因此，強者才會拆散弱者的夫妻婚姻。否則，一個穩定的夫妻關係就不會被一個較弱的第三者所拆散。

「較活潑的金屬把較不活潑的金屬從其化合物置換出來，稱為金屬的置換反應（displacement reaction）。」

由上述的金屬的活潑性次序，你能預測當氯化銅（II）溶液〔copper（II）chloride solution〕遇著鋅金屬時，銅會否被置換出來呢？又或者當氯化銅（II）溶液遇著銀金屬（silver）時，又會怎樣呢？這對氯化銅（II）夫婦的婚姻會否被拆散破壞呢？

你又預計哪種離子化合物最易被小三拆散？

哪種離子化合物最幸福快樂，可恩愛到至死不渝。

人 生 路

在現實的人生裏，在情慾上有很多的引誘和試探。夫妻間的關係就是靠著付出與接受的緊密接觸來維繫。如果這對夫婦遇著一個較強吸引力和較易付出的第三者，這對夫婦的婚姻又不太穩定，一定會受到破壞。

因此，如果要建立穩定而又美滿的婚姻關係，夫妻雙方都要不斷維持彼此的吸引力。這種吸引力是靠著雙方付出與接受，例如體諒、包容、寬恕、關懷和愛。用愛才可以永久維繫穩定的關係，一段穩定的婚姻才會有美好圓滿的家庭。那麼，在第三者出現時，這種引誘都不攻自破，婚姻也穩如泰山，絕不會受到破壞。

在有第三者之下的夫婦離異，或夫妻貌合神離，總會帶來三方、或多方（雙方各自的原生家庭）、以及子女的傷痕。希望大家現在

寫蒼妙韻

或將來都選擇到適合的另一半，視對方為配偶時，有所承諾和付出，維繫長久穩定的婚姻關係，彼此一生一世，恩愛至死不渝。

聖經說，神造一男一女，是要他們彼此照顧幫助。而夫妻一對配偶，也是神所配合的。為私慾下，夫婦離異，神是不容許的。無特別原因下的離異，就是犯了姦淫。「智慧婦人，建立家室。愚妄婦人，親手拆毀。」（箴言十四章 1 節）。「夫妻不再是兩個人，乃是一體的了。所以神配合的，人不可分開。……凡休妻另娶的，就是犯姦淫，辜負他的妻子。妻子若離棄丈夫另嫁，也是犯姦淫了。」（馬可福音十章 7 至 12 節）

聖經內也有教訓如何作妻子和作丈夫的。妻子要順服自己的丈夫，「你們作妻子的，要順服自己的丈夫。這樣，若有不順從道理的丈夫，他們雖然不聽道，也可以因妻子的品行被感化過來，這正是因看見你們有貞潔的品行，和敬畏的心。」（彼得前書三章 1 節）。丈夫也要敬重妻子，「你們作丈夫的，也要按情理和妻子同住，因她比你軟弱，與你一同承受生命之人的，所以要敬重她，這樣便叫你們的禱告沒有阻礙。」（彼得前書三章 7 節）。在主內，永不止息的愛，能使夫妻和諧穩定和幸福。

「愛是恆久忍耐，又有恩慈，愛是不嫉妒，愛是不自誇，不張狂，不作害羞的事，不求自己的益處，不輕易發怒，不計算人的惡，不喜歡不義，只喜歡真理。凡事包容，凡事相信，凡事盼望，凡事忍耐。愛是永不止息。」（哥林多前書十三章 4 至 8 節）

「你希望有哪種婚姻呢？

是體諒，還是忍氣吞聲？

是彼此分享，還是互相隱瞞？

是關心，還是冷漠？

是互相照顧，還是各自各生活？

是人有我有，還是基於愛？

是心連心，還是身心皆天各一方？

你對婚姻的態度，可能就決定了夫婦關係的命運。」

穹蒼妙韻

9. 經得起火的試煉？

「火是一種發出光和熱的巨大能量，能摧毀一切物質。所以火可以比喻為人生的困難痛苦或怒火，可試煉人與物。經不起考驗的話會被摧毀，若能穩定面對的話，它可成就一個人的忍耐與成功。」

繽紛化學

「真金不怕洪爐火」，比喻正直勇敢的人經得起任何風浪的考驗。在物質世界內，除了真金是不怕火外，有些化合物都經得起火煉，穩定不變。另外有些物質經不起火煉，會受到破壞和崩潰。甚至有些物質受到破壞後，會放出有毒（toxic）的氣體，可使人中毒身亡。

前曾述及，愈活潑的金屬形成化合物時愈穩定。這個原理可應用於遇火時的表現。

以氧化物（oxides）為例，氧化鉀（potassium oxide）和氧化鈉（sodium oxide）最穩定，其次順序是氧化鈣（calcium oxide），氧化鎂（magnesium oxide），氧化鋁（aluminium oxide），氧化鋅（zinc oxide），氧化鐵（iron oxide），氧化鉛（II）〔lead（II）oxide〕，氧化銅（II）〔copper（II）oxide〕，經加熱或火燒都穩如泰山，處「火變」不驚。

可是到了氧化銀（silver oxide）及氧化汞（mercury oxide）就表現得脆弱了。它倆分別受熱時，就會立刻分解為氧和銀，及氧和汞

經得起火的試煉

（即水銀，mercury）。這兩種化合物受不起火煉而崩潰了。氧化汞受火煉更有一種危機，就是分解出有毒的汞，人吸入其蒸氣時會中毒，甚至死亡。

古時道士有所謂煉丹術，是把一種叫辰砂（又名硃砂）的物質用煉丹爐去提煉長生不老藥，結果這些道士多是命不久矣。原因是硃砂是硫化汞（mercury sulphide），當它被火煉時，受熱分解為有毒的汞蒸氣和有毒的二氧化硫（sulphur dioxide）氣體，累積吸入下，真是「唔死都一身潺」，即是說潺弱的身體，瘦骨嶙峋，疾病纏身。

硃砂是朱紅赤色，所以有句說話「近朱者赤」，就是採用了朱砂赤色的影響。現在可能有些中成藥會加入此成分作藥，說是可治心悸易驚，失眠多夢，明目驅風等。但這汞化合物仍有微毒，不宜多吃，更不宜作藥材加熱。有些國家如美國已禁用此藥。

人 生 路

在人世裏，不時都有或多或少的苦難要面對。可能這就是人犯了罪的後果，就如經上說，婦女要受懷胎生產之苦，會有戀慕丈夫及受丈夫管轄之苦。而男人要受勞碌之苦，汗流滿面才有得吃之苦。可見人類精神上、情感上和肉體上的痛苦都是來自人的罪。

化學品對火煉有不同的反應。人都是一樣，各有不同的性格和脾性，對火煉（苦難）都會產生不同的表現和行為反應。

有的視苦難為「天將降大任於是人也，必先苦其心志，勞其筋骨，餓其體膚，空乏其身，行拂亂其所為。*」（解釋見備註）

他們會接受苦難這份禮物，並會鎮定去解決問題，視苦難只是成長上心理及身體的磨練，勇敢面對，迎難而上，渡過困境。因此，這類人如氧化鈉一樣，處火煉而面無變色。

　　有些人，遇到苦難，就會拒絕接受，怨天尤人，總是問：「天啊，為什麼是我？」又或不去解決問題，只不斷解釋怎會有此際遇，表現驚惶失措，或徬徨焦慮，或求神問卜，或帶著憤恨和怒火，嚴重的最後出現身體或精神的毛病，如抑鬱、焦慮、驚恐、狂躁等症狀。這種情況就類似氧化汞分解成有毒的汞一樣。整個人受不到火的試煉以致崩潰生病，甚至有自殺傾向。有句說話講得好：「成功的人，解決問題。失敗的人，解釋問題。」

　　另外，怒「火」又是一樣什麼東西呢？別人得罪我們時，可能就會怒火沖天、怒火攻心、甚至怒火中燒，而且帶有強烈報復性的攻擊。本來怒火只是一種情緒，沒有對錯。其實深入探討，怒火是對以往傷害或憤恨所儲存的記憶，例如自小被人看小、自尊心過大等。只有把這些記憶的棘刺拿走，徹底治癒你過往的傷痕，你才可跳出這怒火的纏繞。

　　如果你發覺仍然有一些難忘記憶叫你無從罷休，又或真的是有人刻意及惡意的傷害你，你除了寬恕他之外，又能作什麼呢？不能去撲息怒火，持續的怒火只會毀滅了你。持久的含怒，只有痛苦而無出路。在中醫角度來說，發怒會傷肝，絕對不是「無傷肝」，何必把別人的錯處來懲罰自己，傷害自己的健康呢！肝是我們身體重要的解毒器官，無傷肝就是指不重要或沒有大礙的病或事情，認清不是「無相干」啊！「你們各人要快快的聽，慢慢的說，慢慢的動怒，因為人的怒氣，並不成就神的義。」（雅各書一章 19 至 20 節）

寬恕可撲息一切的怒火，生命才得醫治和自由，令你絲毫無損。懂得藉著放棄向別人報復的權利去寬恕別人，是最有效的化解怒火方法。若你仍做不到寬恕，這時你就需要神的能力了。「耶穌對他說，你若能信，在信的人，凡事都能。」（馬可福音九章 23 節）信賴神可幫助你，就會出現饒恕別人的神蹟。

　　在夏雅博著的一書《解開情緒之謎》提到：有些人可能會聲稱他們的怒氣是一種「義憤」。他們相信為了對抗世上的不公義，他們必定要為某些事情而義憤填膺，同時影響著其他人也出現怒氣情緒。許多高尚的目標所以形成，都是因為最初有某些人發展他的怒氣，然後說：「我要為對抗這些不公義的事情而有所行動。」

　　我們必須避免單在怒氣和報復基礎上建立一個公義的系統。萬一我們發現有某些權益受到了侵犯，我們是需要以理性及建設性的行動去回應，而非具破壞性的怒氣去支配我們的行為。

　　當然人還會遇到不同類型的火，例如妒火、貪婪之火等等都是屬於罪惡之火。但這些火不是別人加給你的，是你自己選擇而點燃起來，製造給自己的。只有你自己才可以熄滅這些罪惡之火，除去嫉妒，消滅貪婪之心，用欣賞和闊綽的心態去待人處事，並且透過祈禱接近神，也可令你更懂得滅火。

　　你的性格又是偏近於哪一類人呢？你的性情有否受到困苦的試煉而變得更好或更差呢？你有沒有覺得很多人都在得罪你而發怒呢？你有沒有被困難和怒氣控制以致身體受影響呢？你有沒有義憤填膺的時候而只想報復呢？你有沒有自我製造很多罪惡之火呢？你是否「惹火尤物」？

曾有一段很長的時間，我都處於持續的風高浪急和烈火的試煉中。遇上有些人為了妒忌、權位和利益而指鹿為馬，顛倒是非黑白，誣陷和逼害等，我心裏激發了很多所謂的「義怒」。但心裏仍帶著盼望，謹記著主的話，不要為自己伸冤，寧可讓步，聽憑主怒，不要以惡報惡，「主說：伸冤在我，我必報應」，耐心等候，到了時候，神自會教導那些惡人，使他們覺悟改過。

　　我不斷祈禱，並接受聖經的教導，在禱告中祝福那些行惡的人。我把所有屈辱及不快都交給神，「應當一無掛慮，只要凡事藉著禱告、祈求、和感謝，將你們所要的告訴神。神所賜出人意外的平安，必在基督耶穌裏，保守你們的心懷意念。」最後，神都為我平息了不少的風浪及撲滅了大大小小的火患。

　　雖然見惡人仍然得逞，好像未有受到應有的懲罰，但我堅信靠著神給我的力量和護庇，面對這些困境，我都能抵擋大大小小的暗箭，並一波接一波地安全渡過。「耶和華是我的牧者，我必不至缺乏。他使我躺臥在青草地上，領我在可安歇的水邊。他使我的靈魂甦醒，為自己的名引導我走義路。我雖然行過死蔭的幽谷，也不怕遭害，因為你與我同在，你的杖、你的竿，都安慰我。」（詩篇二十三章 1 至 4 節）

　　同時，更因著上述的試煉，我有機會在教育的不同崗位上，如訓導、輔導、教務、生涯規劃等，發揮我的領導和管理才能，展現我多元的才幹和能力。有同事曾向我表示：「哪個部門唔掂，找你做開荒牛，就什麼都攪得掂」，多謝他的認同。當時就如此種種不平和受逼害的經歷，我不只在頭腦上認識了神，更體驗了神與我同

在，並在不斷的火煉下帶給了我對人性更高的領悟，也改變了我以前「恃才傲物」的高傲性格，變得謙虛與順服。因此我更相信「萬事都互相效力，叫愛神的人得益處」。「忍受試探的人是有福的，因為他經過試驗以後，必得生命的冠冕。」（雅各書一章 12 節）

聖經指出，耶穌透過苦難來拯救人類。耶穌既是神的兒子，也是人，祂有人的特性。祂在臨釘十字架前，都表現驚恐和難過，憂傷幾乎至死。祂亦祈求天父能撤去這苦杯。但耶穌甘於接受神的安排，照神預定計劃完成救贖的工程（馬可福音十四章 23 至 36 節）。基督的苦難比誰都更難受及更偉大呢！

在基督信仰內，我們面對苦難時，可以有盼望，對神有所依靠。靠著禱告，得神賜的安慰與平安。神曾說，我們憑著信心求，求就得著。耶穌能平息風和浪，所以祂都可平息我們生活上的風浪。祂也是我們的避難所，祂會牽著我們的手，給我們的力量，壯膽去經驗每一種歷煉。

耶穌都不希望我們因生氣而懷有憤恨，祂吩咐我們「不可含怒到日落」。耶穌的生氣並沒有任何報復心，他的怒氣是衝著罪，而非加諸祂的傷害的反應。如果我們做不到寬恕去解決怒火，就祈禱求神來撲滅吧！馬可福音十四章 38 節：「總要儆醒禱告，免得入了迷惑。你們心靈固然願意，肉體卻懦弱了。」

耶穌更勸人要愛他的敵人，為得罪自己的敵人禱告。敬虔禱告的力量真是很巨大的。神會體察人的苦情，並賜人平安和安慰，祂更會把我們的心魔拔出，心靈的傷痕得到醫治和釋放。

＊備註：意思是說，上天將要把重大的任務交給這個人，一定要首先
　　　磨難他的心志，磨練他的筋絡骨骼，使他的肉體皮膚受到饑
　　　餓之苦，空匱疲乏他的身體，干擾攪亂他的生活行為，藉以
　　　撼動他的心志使他性情更加堅韌，以增加他原來不具備的能
　　　力。

　　「你決定了怎樣去面對目前，或將來遇到的人生上的火煉或烈
火呢？

　　你是否一個常常引火自焚的人？你決定了會如何去避免及面對
這類處境？

　　在你面對苦難時，你經歷過神與你同在嗎？」

10. 維持社會穩定的執法人員

「執法人員，是各國用以維持社會治安和秩序而訂立的一套職銜制度。事實上，當然其中會有好的執法人員，也會有一些壞執法人員。好的執法人員才能維持任何環境或社會的安穩。例如我們的血液內也有維持酸鹼度穩定的好執法人員，就是緩衝溶液（buffer solution）。而維持我們體溫穩定的好執法人員，就是下丘腦（hypothalamus）的體溫中樞。」

繽紛化學

坊間或網上提及鹼性食物及鹼性水對我們有益，進食所謂鹼性食物，pH 值愈高愈好。這都是一些偽科學，誤導人對科學的真正了解。其中的可能原因是吸引顧客的招數，對其商品有推銷作用。

事實上，我們體內不同的器官或組織都有不同的酸鹼度。唾液呈微鹼性，胃液呈強酸性，腸液呈鹼性。而人體血液內的正常酸鹼度（acidity and alkalinity）的 pH 值應維持在 7.35-7.44 間，亦即是弱鹼性（weak alkaline）（pH 值 7 為中性）。如果血液過酸或過鹼，即 pH 值少於 7.35，或大於 7.44 時，我們的身體健康就會出現不穩定的病態。因為許多體內的生化反應必須在一定的 pH 值範圍內進行，或者必須在一定的 pH 值範圍內才能完全地反應。例如，如果我們胃部的酸性的 pH 值變化得大，也會影響消化系統的功能，如胃痛或消化不良等。

維持社會穩定的執法人員

酸鹼平衡是體內維持穩定環境的重要因素，是維持正常生理活動的重要條件。這種酸鹼平衡不易受到酸性或鹼性食物或飲用水所影響。健康人體內的 pH 值不會輕易受到改變，如果體內的 pH 值突然變得過低或過高，這就表示身體的調節能力下降，出現了酸中毒或鹼中毒的情況，需要找醫生治療了。這說明了：進食鹼性食物鹼性愈高愈健康，是錯誤的。

其實只需選食含有豐富營養的食物，並顧及均衡飲食，才是正確的飲食態度，便能維持身體健康，其實無須太注重食物是否酸鹼性食物。例如胡蘿蔔含胡蘿蔔素（即維他命 A）。檸檬是一種營養和藥用價值都極高的水果，其中最主要的營養成分除了糖類以外，還有鈣、磷、鐵及維生素 B1、維生素 B2、維生素 C 等。任何食物都會含有對人體健康有益的營養素，但服用過量就會產生害處。食胡蘿蔔過多會胡蘿蔔素中毒而面呈紅色。另外，由於檸檬水中維生素 C 含量過高，對於有痛風史的患者來說，有誘發痛風的危險。檸檬水中檸檬酸含量也很高，所以有牙齒鬆動和骨質疏鬆或胃部分泌過多胃酸的人，也不宜過多飲用。因此，絕不需要用食物酸鹼度來解釋或作選擇食物的基礎，也不宜過份相信某種食物的好處而濫用。另外，鹼性水對人體健康，也沒有科學根據。

那麼，體內血液中有什麼物質是可以維持這種酸鹼度平衡的穩定條件呢？

原來我們血液中含有一種溶液，稱為緩衝溶液（buffer solution）。什麼是緩衝溶液？很多動植物都分雌雄，又或都有雌雄同體的動植物，例如有肺類的蝸牛和蚯蚓就是雌雄同體的動物。原來非生物物質都有類似雌雄同體。物質有分酸和鹼，緩衝溶液就類

似雌雄同體的生物，是屬於酸鹼同體的混合物，有酸的性質，可與鹼中和，又有鹼的性質，可與酸中和。大自然界真是奇妙得包羅萬象，人生也是無奇不有。

緩衝溶液是一種當額外加入少量酸（acid）或鹼（alkalis）時，仍能保持溶液 pH 值不變的溶液。原理是這種溶液，可以與多餘的酸產生中和反應，令進入體內多餘的酸消失。另外，這種溶液又可以與多餘的鹼產生中和反應，令進入體內多餘的鹼消失。因此，我們體內血液的 pH 值便可維持在穩定的範圍值內。

這種緩衝溶液，猶如體內的好執法人員一樣，能維持體內酸鹼度平衡的穩定環境。我們要向維持我們血液社會酸鹼度穩定的好執法人員——緩衝溶液致敬呢！

另外，有些人定義食物的酸鹼度，是由在體內代謝（metabolism）消化後，代謝物（metabolites）的酸鹼度來劃分，所以他們說檸檬是鹼性食物，就令很多人及學生產生混淆及誤解。因在化學學習中，是以未進入人體內，未經代謝前食物本身的性質，來定義是酸或鹼。例如檸檬內有檸檬酸（citric acid），所以檸檬溶液的 pH 值是酸性（pH<7），不是鹼性。而鹼性食物多是微苦，例如你有沒有食過鹼水糭？其中因含苦味的鹼，所以鹼水糭會帶少許鹼的苦味。

另外一些護膚品或化妝品，都含有緩衝溶液，用以維持我們皮膚固定的酸鹼度。我們的血液是微鹼性，但我們皮膚反而是微酸性，pH 值維持在 5.5 左右。皮膚表面的 pH 值是維持皮膚健康的關鍵，因為它能夠抗菌。微酸的皮膚適合有益微生物的生長，並同時抑制有害微生物如真菌、細菌或病毒的增長，所以皮膚的微酸性是大部

分細菌的抑菌劑。而護膚品就需要用緩衝溶液去維持皮膚的微酸性，維持皮膚的健康。而我們清潔皮膚時，最好勿使用帶鹼性的清潔液。

另外，坊間又轉傳了「體溫愈高愈健康。發燒都不應去降溫！」又建議了提升體溫的數種方法，真的令我啼笑皆非。

事實上，我們人類是恆溫動物，即體溫是要維持在固定的溫度，範圍是攝氏 37-38 度左右，否則，體溫過高或過低，都會影響我們體內新陳代謝的生化反應（biochemical reaction），令我們身體出現毛病，所以我們體內自行有調節體溫的功能。

維持體溫穩定的好執法人員，就是下丘腦（hypothalamus）的體溫中樞，這個體溫中樞分為產熱中樞及散熱中樞。體溫中樞透過溫度感受器，接收體內和外在溫度環境的刺激，會作出調節活動，引起內分泌腺、骨骼肌、皮膚血管和汗腺等組織和器官的活動，使人體體溫維持穩定。例如，人在炎熱天氣或做了劇烈運動後，體內產生很多熱量，身體就會發出警號，散熱中樞作出調節，皮膚的血管會擴張，使血液量增加，加速體熱在體表散失，並透過汗腺排出多餘的熱量，使身體體溫不致過高。另外，如果天氣寒冷時，產熱中樞就會控制皮膚血管收縮，使血液量減少，減少體表散失熱量的速率。有時，太寒冷時，我們的肌肉會不由自主地顫抖，皮膚表層產生「雞皮疙瘩」，俗稱「打冷震」，藉以增加體熱。

有人會問，我們不是多做運動，增加血液循環，增加熱量，對身體健康有益嗎？血液循環好是對身體有益，因各種營養和氧可快速運送到身體各細胞使用，而二氧化碳和廢物就快些排出體外，所以運動是有益健康的，運動才是主因。但體溫高只是運動後的結果，

不是使人健康的主因。很多人就是混淆了因果關係，所以產生了很多謬誤。

有一次，有朋友就是誤信了體溫愈高對身體愈好，居然在進行劇烈運動時，大汗淋漓，還穿著厚厚的羽絨。這樣焗著汗使汗液不被蒸發，體內積存著大量的熱而令體溫過高，是會令人暈眩。如果在烈日下行山，很容易發生中暑呢！

另又有人會反駁說，我們發燒不是令我們體溫高去打仗，與細菌和病毒戰爭嗎？其實我們發燒都一樣，是果，不是因。不是因為高燒而可抗病毒，而是因為病毒入侵要打仗而致產生熱能，同樣是果不是因。如果高燒都不去降溫，真的會「燒壞腦了」！

又有人講，有些文章說食多些蔥蒜等熱性食物，能增加體溫，對我們身體有益。這句話部分對，部分錯。蔥蒜類含有豐富的營養，如蒜素（allicin）。蒜素是大蒜（allium sativum L.）的主要有效成分之一，具有強烈刺激性和蒜所特有的辛辣味。蒜素可對某些細菌、病毒、真菌等病原微生物都有不同程度的抑制或殺滅作用。所以蒜的益處並不是因為增加體溫，即是與它們是否是熱性食物無關。而且，中醫也注重體質寒熱的平衡，進食過多熱性食物，都會令身體產生燥熱病呢！

穹蒼妙韻

85

人生路

在我們社會裏，執法人員，有好也有壞。

好執法人員，會把破壞社會秩序治安的壞分子（好比多餘的酸和鹼）捉拿，並把他們在社會中「消滅」（即經審判入獄），即所謂的除暴安良，從而維持社會的穩定。社會如果沒有如緩衝溶液的好執法人員，就會任由壞分子存在社會內，肆意犯罪，妨礙人正常的生活，影響社會的穩定，這就形成欠缺健康的社會了。

好執法人員是維持及執行公義，不貪污受賄，不濫用私刑，不借權謀私，不冤屈人，不畏強權，不怕受威脅。好執法人員是社會的公僕，壞執法人員是害群之馬，社會的蛀蟲，會蠶食社會的公義，破壞社會的秩序，使人民缺乏安全感。這就好像我們體內調節功能失調，緩衝溶液失去了功能，維持不到酸鹼平衡的不健康狀態。例如一些較為落後或專權的國家，執法人員都有貪污、行私刑等不當行為，所以社會一般都較為落後及窮困。

我在中學任教時，曾任訓導主任，這是中學內維持學校秩序的崗位，是學校內的執法人員，這絕不是討好的崗位，當然是不受某些學生的歡迎。有些學生會太愛自由，作出了忘記影響自己和同學學習的不良行為。我先會聆聽他們，然後指出他們的問題，加以引導及糾正。其實訓育含有「訓誨」與「培育」意義，包括顧及學校內整體學生利益和學生個人的成長。「教養孩童，使他走當行的路，就是到老也不偏離」。（箴言二十二章 6 節）

我堅守訓育的原則，學生始終是幼小無知，「寧枉無縱」及「寧縱無枉」兩者，我是後者的信徒。我不想無辜者受冤屈，我相信冤

屈的事件會令人產生極大的傷痕。但我的「縱」並不是放縱，是包容，包容他們會有犯錯的時刻。如我毫無線索或證據準確判斷學生是否犯錯，我不會濫罰他們。我會勸告他們：「如果你無犯錯，我都開心。不過如果你真的有犯錯，我就給你這次機會改過。你珍惜此次機會而有所悔改不再犯錯的話，已經達到我教育的目的了。但如果你不知悔改，繼續再犯，終會有一次給我真實證據，我一定會要你承擔犯錯的責任，到時懲罰是必須的。」幸好，以後那些學生不再有類似的錯誤行為發生。

另一方面，對於一些真正惡劣的學生，我都絕不會退縮懼怕，反予以責罰，目的使學校具有穩定安靜的學習環境，有所謂「近朱者赤，近墨者黑」，學生的品行易受不良行為的人影響。有一次，我去參觀一間音樂學院，有位該校的學生突然走到我面前，回憶述說當年他在學校內強逼同學入黑社會，我發現後立刻勸喻他轉換學習環境。現在他改過了，專心學習音樂。很高興知道他能改邪歸正呢！要學生承擔責任，是改變學生錯誤行為及保障其他學生的其中一種方法。

我從不會因為怕不受歡迎而討好學生或避責，只管盡心盡力去達成有意義的訓育工作。「凡管教的事，當時不覺得快樂，反覺得愁苦，後來卻為那經練過的人，結出平安的果子，就是義。」（希伯來書十二章 11 節）

曾有畢業學生回校向我表示，幸好當年我敢於訓責他全班，只有我一位老師才敢應付他們的頑劣，認為全校只有我一位才是好老師。他也多得我當時天天罰他留堂做數學功課，結果他讀高級文憑班時班內成績考獲第一。他說的話當然是過度讚賞我了，而忽略了

穹蒼妙韻

其他老師的苦心經營。但事實也是他由衷之言，他讀書時覺得我不好，後來才知我是寶！我高興見到他變得成熟和體貼，與以往真的判若兩人。扮惡糾正學生的頑劣行為，都是促進學生成長的一種手段，學生始終會明瞭知道的。

因此，維持社會安定平穩，一定需要好執法人員，對這些好執法人員，我們予以尊重和敬佩。

聖經內，耶穌是維持人類心靈行為健康的好執法人員。祭司長、法利賽人和文士是壞執法人員的例子。

耶穌基督出生的時代，法利賽人和文士定了很多規則要人遵守，並加以批判違反這類規則的人，例如安息日不可作工等，用以維持他們宗教群體的秩序和平穩，又以為這是符合神的心意。

殊不知耶穌基督拆毀了他們的面目。法利賽人和文士只表面遵守規則，但他們真正的內心卻是污穢的，並不是真正服從神誡命的人。於是法利賽人和文士對耶穌極其嫉妒及憤恨，暗地裏找機會誣害耶穌。這些法利賽人和文士就好像那些不能維持社會秩序的壞執法人員。「不要效法他們的行為。因為他們能說不能行。他們把難擔的重擔，捆起來擱在人的肩上。但自己一個指頭也不肯動。他們一切所作的事，都是要叫人看見。」（馬太福音二十三章 2 至 4 節）「你們要防備文士，他們好穿長衣遊行，喜愛人在街市上問他們的安，又喜愛會堂裏的高位，筵席上的首位，他們侵吞寡婦的家產，假意作很長的禱告，這些人要受更重的刑罰。」（馬可福音十章 38 至 40 節）

真正的好執法人員是耶穌基督，祂看準人心，救急扶危，並不受強權威脅，以服侍人為目的，如人民公僕。祂寧願受偽善法利賽

人和文士的鄙視、嫉妒和陷害，也不甘願遵守他們的偽規則。耶穌是真正執行公義的人，安息日他仍然給人治病，寧受他人的非議。

另外，耶穌是由神生的，他的出現，都是要除掉犯罪的魔鬼，所以他有趕鬼的權柄。附鬼的人見了耶穌，鬼就懼怕了，並從人身上出來。神是公義的，就是天使犯了罪，神也沒有寬容，曾把他們丟在地獄，交在黑暗坑中，等候審判。（彼得後書二章 4 節）

「小子們啊，不要被人誘惑，行義的才是義人。正如主是義的一樣。犯罪的是屬魔鬼，因為魔鬼從起初就犯罪。神的兒子顯現出來，為要除滅魔鬼的作為。凡從神生的，就不犯罪，因神的道存在他心裏，他也不能犯罪，因為他是由神生的。從此就顯出誰是神的兒女，誰是魔鬼的兒女。凡不行義的，就不屬神。」（約翰一書三章 7 至 9 節）

耶穌真是維持人類心靈行為健康的好執法人員。我們要追隨祂。

「你遇過好的執法人員嗎？你願意支持好執法人員的工作嗎？
你願意在日常生活中做一個執法人員嗎？就是在你日常羣體的人際關係中，會否擔當一個執法人員的責任，去排難解紛、維持團體的秩序和穩定呢？」

穹蒼妙韻

11. 莫以小為卑，有麝自然香！

「不能小覷那表面是卑微及弱小的。他可能會有極高潛質，雖渺小而迸發出極高能量，極大影響力。善用之可造福人類，服務社群。錯用之就可製成極大的破壞，足以毀滅全世界。」

繽紛化學

前曾述及，原子（atom）是形成各種物質的最基本粒子。但原子都不是最小的粒子，原子內又由三種較細的粒子所組成，分別是電子（electron）、中子（neutron）和質子（proton）。

中子和質子會聚合在原子的細小中心範圍，稱為原子核（nucleus）。這個原子核比一個原子更要微小。一般物質的化學變化是基於原子最外層電子層（outermost shell），透過放出及接受電子而形成的。但原子核在化學反應（chemical reaction）中都沒有參與任何變化。

勿小看這個細小原子核，它好像很穩定地存在著。但它在特殊的刺激下，可迸發出極高的能量，這能量可被人類好好運用，變成核能，供應給能源消耗巨量的國家。但也可被某些國家製成原子彈，作戰爭用途，爆發時放出的能量極度傷害人類的健康，足以毀滅全世界。這類核武器，威脅著全球的安全。

原子彈是利用鈾-235（uranium-235）和鈽-239（或稱鈽 plutonium-239）等較容易分裂的重原子核，在核分裂（nuclear fission）時，瞬間發出巨大能量的原理而發生強烈爆炸的現象。

莫以小為卑 ， 有麝自然香

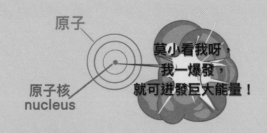

原子

原子核
nucleus

莫小看我呀，
我一爆發，
就可迸發巨大能量！

錯用 | 善用

戰爭中核武
毀滅全世界！

提供能源的核電
能造福人類！

麝

我有真才實學，
如麝發出麝香，
不必張揚，
都會名氣遠揚！

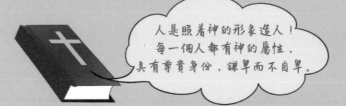

人是照着神的形象造人！
每一個人都有神的屬性，
具有尊貴身份，謙卑而不自卑。

在此類重核分裂反應中，系統可以在極短的時間內釋放出大量的能量。這也是原子彈極具破壞性威力的來源。因此，世界各國都聞「核」色變，大力地做反核武的調停工作和示威運動。

人生路

不能小覷那表面地位卑微的小人物，他可能具有極高潛質，好似原子核爆發一樣，雖小但迸發極高能量。善用可造福人類，服務社群，例如核能。錯用就可製成極大的破壞，足以毀滅全世界，例如核武。

以對己來說，莫以位小而自卑，更不宜妄自菲薄，覺得比不上別人。應積極工作，表現謙虛，你的潛能和表現隨時被伯樂賞識，從此就會步步高陞，出人頭地，可能成為萬人之上。正是潛龍待發，他日飛龍在天。

別看自己小小的付出，雖不及富人的多，但已是自己的全部，這也更值得別人敬佩。經上也記載：「有好些財主，往裏投了若干的錢。有一個寡婦來，往裏投了兩個小錢。耶穌叫門徒來說，我實在告訴你們，這窮寡婦投入庫裏的，比眾人所投的更多。因為他們都是自己有餘，拿出來投在裏頭。但這寡婦是自己不足，把她一切養生的投上了。」（馬可福音十二章 41 至 44 節）

對待別人來說，莫重富輕貧，也莫看輕小輩或弱小的。隨時這些人有意想不到的莫大貢獻，或成為你的上司而管轄你呢！

人生，正如原子核，都是「有麝自然香」，提到原子彈，無人無國家不畏懼。在人生來說，如果有才能，不必刻意在人前顯露，

自然都會受到別人敬慕和重用。「凡自高的必降為卑，自卑的必升為高。」（馬太福音二十三章 12 節）

在我從事的工作崗位上，雖然當不上頂高位置，又或者我不是什麼大人物或專家。但我確信我的才智被人賞識和運用，所以我能參加不同團體的教育發展工作、編寫教科書、和調任學校內各部門的主管，如訓輔導主任，課程發展主任、教務主任和生涯規劃主任等，制定了各部門的政策與行政程序，策劃了多種有益學生的計劃和活動，如「全校性的專題研習」、「領袖生訓練」和「學生助教培訓計劃」等等。這些工作都令我有極大的滿足感和成就感。不管是不是鴻圖大業，總能迸發出我付出的火花。

無論大才或小才，都要善用才能，對社會作出貢獻。如果有才能而誤用，社會遺害更大。所以我常對學生說，我最大願望是培養學生成為「高分高能好人」，寧見他們是「低分高能好人」，最不願學生是「高分高能衰人」。

「神說：讓我們照着我們的形象、我們的樣式造人。他們要管理海裏的魚、空中的鳥、走獸、全地，和爬在地上的爬物」（創世記一章 26 節）

神是照着祂的形象造人。既然如此，人是反映神的屬性。因此，人有尊貴的身份，可謙卑但不要自卑。你有否尊重自己有神形象的價值？你又有否尊重他人也是照着神的形象所造，特別是不如你的人，或者是你不喜歡的人？

耶穌基督是以卑微的身份，道成肉身降生為人，生在地位低微的木匠家庭裏。祂長大後，即表現天父給祂的潛能——三十歲開始

周圍講道和宣揚天國的福音；祂曾醫治痲瘋、瞎子、聾子、啞巴及血漏病人；祂能平靜風和浪；在曠野裏用五餅二魚餵飽五千人，而且碎餅碎魚可裝滿了 12 個籃子；祂滿有權柄去趕鬼、令死人復活等，盡顯神蹟。

耶穌家鄉拿撒勒人都以祂為木匠之子這樣卑微而嫌棄他，但祂在外地有很多人認識祂的大能而追隨祂。

耶穌所行的神蹟一直都很謙卑和低調。祂治好每一病人後，都吩咐他們不要宣揚。但眾人都聞風而至，滿有信心求祂醫治，這就是「有麝自然香」的道理。「祂本有神的形象，不以自己與神同等為強奪的，反倒虛己，取了奴僕的形象，成為人的樣式。既有人的樣子，就自己卑微，存心順服，以至於死，且死在十字架上。」（腓立比書二章 6 至 8 節）

祂強調不要輕視小孩，小孩才能進神的國。小孩的意思只是個比喻，即指心思和意念如小孩般謙卑、順服和純真的人。耶穌會叫卑賤升高，叫有權柄失位。「你們若不回轉，變成小孩子的樣式，斷不得進天國。所以凡自己謙卑像這小孩子的，他在天國裏就是最大的。」（馬太福音十八章 1 至 4 節）。

祂也用芥菜種比喻神的國，莫輕視其細小，發芽長大後連飛鳥都可縮在其蔭下。「神的國，好像一粒芥菜種，種在地裏的時候，雖比地上的百種都小，但種上以後，就長起來，比各樣的菜都大，又長出大枝來。甚至天上的飛鳥，可以縮在他的蔭下。」（馬可福音五章 30 至 32 節）

「你曾對自己的地位低微而自卑嗎？自卑並不等於謙卑。
你有否輕視過比你地位低微的人嗎？
小人物，大成就，會得到更高的尊崇！」

12. 星星之火，可以燎原

「星星之火，可以燎原」的結果，可以是兩面的。是好，有建設性；又可以是壞，有破壞性。引致這種現象的人物可以是功臣？也可以是罪臣？

勿以善小而不為，勿以惡小而為之。切勿看輕一粒細小的小火星呀！」

繽紛化學

當行山或去掃墓時，你有沒有見到山中或墓地豎著牌子，寫著：「小心火種」或「熄滅火種」。

於 1996 年，有數位老師帶著一大班學生往八仙嶺遠足，因為留下了一點微小的火種，於是就發生了大型的山火，結果釀成了悲劇，有不少死傷。

一點兒小火星可以把整個草原或森林都燒起來，這叫做「星星之火，可以燎原」，結果是惡性的，可影響生態，人的健康、性命和社會國家的安全。

為什麼一點兒的小火星可引致這麼大火呢？這歸功（或歸咎）於空氣中的氧氣（oxygen）。

氧氣有助燃（support combustion）性質，即使是一點火星，氧會立刻幫助它燃燒，立時把小火星重新燃點成大火。如果空間中空

星星之火 可以燎原

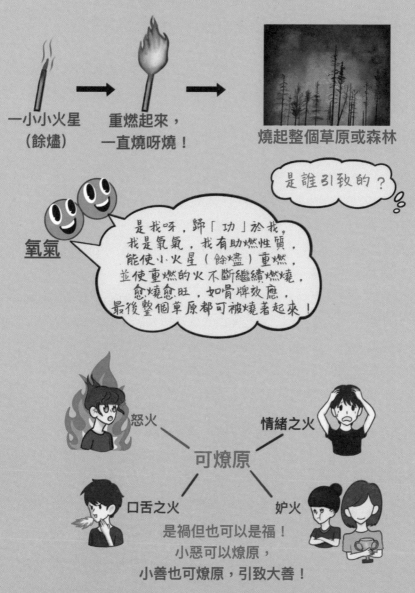

一小小火星
（餘燼）

重燃起來，
一直燒呀燒！

燒起整個草原或森林

是誰引致的？

氧氣

是我呀，歸「功」於我，
我是氧氣，我有助燃性質，
能使小火星（餘燼）重燃，
並使重燃的火不斷繼續燃燒，
愈燒愈旺，如骨牌效應，
最後整個草原都可被燒著起來！

怒火   情緒之火

可燎原

口舌之火   妒火

是禍但也可以是福！
小惡可以燎原，
小善也可燎原，引致大善！

氣流通，氧氣十分充足的話，由小火星點燃了的火又不斷被氧去幫助繼續燃燒，如此產生一個燃燒的連鎖反應，就有如「骨牌效應」，於是火便不斷燃燒下去，一直蔓延而把整個草原都燒掉了。

因此，如果一種氣體能將帶火星或有餘燼的木條（glowing splint）重燃（relight）起來的話，氧就是這個「星星之火，可以燎原」的輔助功臣或罪臣喇。到底是屬於功臣還是罪臣，就視乎燎原的結果是屬於福還是禍了。

古時或有些道士，滿有自信和功力深厚的模樣，施法可把一張黃色的紙自行燃燒成一些符咒或怪怪的字圖，裝神弄鬼。其實，他是利用氧的助燃性質，玩了一個化學魔術。可解釋的其中一種原因，是他先用硝酸鉀溶液（potassium nitrate solution）在紙上塗上自己心中想要顯示的圖案，待溶液乾後，就不會見到任何痕跡了。當他假扮施法時，只要他點著圖案中任何一點，那粒小火星就燃著了硝酸鉀，硝酸鉀會受熱分解出氧，釋出的氧幫助火繼續燃燒，於是就沿著圖案的痕跡一直燒下去，因而形成那些所謂「符咒」了。知道這些把戲的原因，日後你若遇到一些裝神弄鬼的行為，都切勿相信，以免受騙！

有時，一些工廠就是儲滿了氧化劑如硝酸鉀，俗稱硝石，這類化學品遇熱就會分解出氧，若周圍環境過熱，氧就可點燃了而起火，會釀成火災，甚至爆炸。前些年就有一個國家在海邊儲存了大量硝酸鉀，因意外而發生了強烈爆炸，最後燒毀了整個地方，人命和財產都受到嚴重損傷。所以硝酸鉀也可以用來配製炸藥。

人生路

「星星之火，可以燎原」，這句是用來比喻小事可以釀成大變；比喻新生事物開始雖然弱小，但有廣闊的發展或前途；又或比喻為雖然開始時只是微小力量，但藉著一些人的推動或其他因素的輔助，便可漸漸累積而形成巨大的力量，同時有廣傳的意思。所以「星星之火，可以燎原」的結果，可以是壞，也可以是好的。

我們在人生裏，又可否找到「星星之火，可以燎原」的功臣或罪臣呢？

例如 2022 年 1 月的第五波新冠病毒嚴重，由於初期未能有效地把帶病毒者或無症狀的隱性患者隔離，一粒小火星蔓延，引致後期造成香港確診人數達致每日以萬位計，而死亡人數達到每日大約二百人，總人數幾近萬人。這就是「星星之火，可以燎原」的壞結果。引致「星星之火，可以燎原」輔助罪臣就是病毒傳得快及無症狀，以及不能及時作出相應行動。但如我們能嚴守抗疫戰，眾志成城卻是「星星之火，可以燎原」的輔助功臣，這種燎原可引致我們戰勝病毒的遺害。

其實，我們的情緒及心態，都會呈現「星星之火，可以燎原」的現象。人在工作崗位或社會上遇到挫折時，都會產生一點點不滿的情緒或失去安全感。起初可能只是小小擔憂和怨氣的火星，在不適當處理下，又或在別人煽風點火下（煽風：就是使空氣流動，增加氧氣，幫助燃燒），熄滅不到火星之餘，反而產生更大的怒氣，火點著了就蔓延起來。有些人可能會把不滿情緒不斷擴大，以致連人性潛藏的敗壞都盡情顯露了出來，如果持續未有良好修補，結果

會爆發了燎原的危險。因此，切勿讓這小火星重燃不斷燃燒，即是若要避免提供氧氣，就要中止不良情緒及避免受人煽惑啊！

另外，人最惹火的莫如舌頭，彷彿人與人之間的說三道四，講是說非是人類相交的手段。另外對人說出詛咒的說話、或大作謊話、或煽惑語句，或以訛傳訛。最終可能這口舌之小火在以上情景下，弄致不少人受到燎原的傷害。我也曾受過口舌謠言的抹黑所害，感謝神幫我撲滅了燎原之火，免受重傷。

制住舌頭，是中止燎原之害的方法，勿做罪臣啊！多用口舌讚美、欣賞、感謝、請求原諒，就是熄滅燎原小火的功臣了。「舌頭沒有人能制服，是不止息的惡物，滿了害死人的毒氣。」「舌頭在百體裏是最小的，卻能說大話。最少的火，能點燃著最大的樹林。舌頭就是火，在我們百體中，舌頭是個罪惡的世界，能污穢全身，也能把生命的輪子點起來，並且是從地獄裏點著的。」（雅各書三章5至6節）

劉備臨終前對劉禪都說了類似意思的勸誡：「勿以善小而不為，勿以惡小而為之」。「星星之火，可以燎原」也可比喻好事。一件小小的善行，可廣結善緣。善心無分大小，不在於大功德，如付出自己擁有的一點點善舉，便可傳揚成大善。不要輕視小事或小小壞習慣，它可以釀成大事或大惡。有謂小不忍，則亂大謀。甚或一句小說話或小行動，可以影響一國的興衰。水滴得多，石也可穿。一個小小的微笑，可打破彼此隔膜，引致眾人快樂。一個無意的小錯失，也可弄致大災禍。一件小用具經過琢磨，也可成為大器。如果一個人付出愛，以生命燃點生命，可把愛蔓延至全世界。

希望在社會及國家的發展上，就以我們每個小市民的細小力量或貢獻，達致「星星之火，可以燎原」的興旺。

在教育界尚未興起教師培訓時，我有幸參加了一個實務性的教育團體，名稱是「學教團」。團名有「先學而後教」的意思，我們重視教師教育的質素，所以每年舉辦新教師研習課程，增強他們未來教書時的信心和能力。大約 1990-92 年我當主席期間，更率先進校主持教師校本培訓工作，使在職教師能增添新元素、令他們在多年固守的工作中作出反思。這計劃當年只是一粒小小的火種，至最近十多年都興起了這類校本培訓工作，都算是燎原了。做了「星星之火，可以燎原」起始功臣，心底裏有百般的喜悅和成就感。

耶穌基督的傳道方式都是以「星星之火，可以燎原」去達到目的。初時他以木匠之子的身份在會堂裏講道，眾人都驚訝及詫異他的行為。在傳講福音中，他透過治病及趕鬼，叫死人復活，使很多人信服他，因而把耶穌的事跡傳遍當地各城。「耶穌滿有聖靈的能力回到加利利，他的名聲就傳遍了四方。他在各會堂裏教訓人，眾人都稱讚他。」（路加福音四章 14 至 15 節）

耶穌死後，第三天復活，回到天國，坐在全能天父的右邊。他留給門徒救贖的福音，「你們要去，使萬民作我的門徒，給他們施洗歸入父子聖靈的名下。凡我所吩咐你們的，都教訓他們遵守。我就常與你們同在，直到世界的末了。」（馬太福音二十八章 19 至 20 節）門徒成立教會不斷廣傳，先透過羅馬帝國發展而傳至歐洲各國，後演變成天主教、東正教和基督教（前稱新教），再傳至北美洲。後有不少傳教士再往中國、日本等亞洲宣道，福音終於傳遍世界。現

在全世界有不少人是信奉基督的，根據最近的研究估計，全球約有三分之一是基督徒（包括天主教、基督教和東正教），而非洲的信徒人數也極速發展中。你看「星星之火，可以燎原」是具有多麼巨大的影響力！

「你會做哪一種的小小火種，然後靠著哪種物質的輔助，以達致燎原的結果？

你會做『星星之火，可以燎原』的輔助功臣，還是罪臣呢？」

13. 問責於位高權重者

「食得鹹魚抵得渴，位高者有嚴重事情交代時，必然要站出來問責，小人物未夠份量與地位。物質界也要區分嚴重性與非嚴重性，要標明較嚴重與較重要性質，相對地輕微非嚴重性的，可在此種情況下避而不提。」

繽紛化學

有些物質如食鹽、酒精、糖、漂白水等在我們日常生活中常常應用到，但是在應用的物質中，有些是會傷害我們的身體，或導致財物損失的。我們對這些化學物品要有所警惕。因此，我們需要知道哪些物品有什麼危險性質或害處。而一般在化學實驗室內的化學物品的試劑瓶上，都會貼上適當的危險警告標籤（hazard warning labels），提醒使用者適當地處理它們，避免意外發生。

危險警告標籤會表示該化學品的危險性質，分別有：

- 爆炸性（explosive）
- 氧化性（oxidizing）
- 易燃（flammable）
- 致癌物（carcinogenic）
- 有毒（toxic）
- 有害（harmful）
- 刺激性（irritating）
- 腐蝕性（corrosive）

穹蒼妙韻

這八種危險性質又可分為三類。

如果一種化學藥品具有多於一種同類的危險性，在這些藥品的試劑瓶貼上危險警告標籤時，應該把最危險的性質顯示出來。以下是各類危險化學藥品的危險程度的遞減次序：

1. 爆炸性，氧化性，易燃
2. 致癌物或有毒，有害
3. 腐蝕性，刺激性

舉例來說，若某種化學藥品同時具有易燃和氧化性質，我們應使用氧化性的警告標籤。這可俗稱為「有大講大」，等於權位較高的人要承擔較大的責任，要站出來「問責」。

例如強鹼氫氧化鈉（sodium hydroxide），它有刺激性，引致細胞皮膚紅腫，同時又有腐蝕性，會損害皮膚細胞。顯然腐蝕性的危險性高於刺激性，所以氫氧化鈉的危險性標示應是腐蝕性。如果說它是刺激性，未免輕視了它真實的害處。

又例如氫（hydrogen）是易燃，但它遇空氣燃燒就會爆炸，爆炸比易燃的危險程度較高，所以氫氣的危險性質標示是屬於爆炸性。

又再例如水銀（汞）是有害的，但它也是有毒的，吸入其蒸氣可引致死亡，有毒比有害的程度較嚴重，所以水銀的危險性表示是有毒。只講有害不能顯示真正的害處。即是說危險警告要表示最高的危險性質，好像人生裏，在高位者是應有合適的責任擔當。

問責於位高權重者

化學物品好危險，位高位低你要知！

同類危險性質的嚴重程度排序
（危險程度由高至低）

位高權重　　　　地位低微
影響力大　　　　影響力小

（一） 氫、硝酸鉀 > 濃硝酸、高錳酸鉀 > 酒精、一氧化碳

爆炸性 Explosive　　　氧化性 Oxidizing　　　易燃 Flammable

氫有易燃及爆炸性，
爆炸性影響力較嚴重，
所以要列出氫是爆炸性。

（二） 石棉、四氯甲烷

致癌物 Carcinogen > 碘、氨水

有害 Harmful

 氯、一氧化碳

有毒 Toxic

氯有害也有毒，
有毒影響力較大，
所以要列明氯是有毒性。

（三） 濃酸、氫氧化鈉 > 氨水、稀氫氯酸

腐蝕性 Corrosive　　　刺激性 Irritating

氫氧化鈉有腐蝕性及刺激性，
腐蝕性影響力較大，
所以要列明氫氧化鈉有腐蝕性。

小小羊毛，人微言輕，
要幫阿頭揹鑊，做代罪羔羊，
唉！

基督卻以祂尊貴的身份，
為救贖人類的罪而成了代罪羔羊！

人生路

　　在一個機構內，有各種職級的同事，有的是機構的最高層，是領袖角色。另外有高層、中層及小職員。機構的成敗得失，雖然各階層的表現都有責任，但縱觀全局，訂定目標，制定政策，統領同事邁向目標的行動、分工等，這全是最高層領袖的重要職責，位高權重者必須要站出來擔當。

　　如果只問責於普通職員，怎能真正反映該機構的問題所在、真正要注意的事項、或要改善的地方？正如化學品的危險警告要顯示最危險的性質，才能顯示該危險品應怎樣安全處理一樣。因此，位高權重者一定要承擔任何事的最後責任。權位有幾大，責任就有幾重，有謂「食得鹹魚抵得渴」，問責於最高權力者是理所當然的。

　　當然，處高位者應是有能者居之。可惜，有時最高當權者不是具有真正魄力與才幹，以及欠缺應有的道德勇氣去承擔責任，問責的結果也是枉然，也令人氣餒。

　　社會的真實工作環境，很多時是無德無能的人掌權在高位，發生意外的禍事時，可能找較低級職位的人作代罪羔羊。這好比，如果藥品的危險警告標籤只標示程度較低的危險性，輕視了事情真實的嚴性性，那便對人產生了遺害。

　　聖經傳道書十章 5 節至 7 節也講出了現實：「我見日光之下，有一件禍患，似乎出於掌權的錯誤，就是愚昧人立在高位，富足人（指有才幹的人）坐在低位。我見過僕人騎馬，王子像僕人在地上步行。」這真是看透人間的智慧之言。

既然現實與實際不符，那麼我們應該怎樣面對這類矛盾呢？

我們要明白各樣事物的成就與否，都有其時候和定理，「萬務都有定期」，「執政有時，退位有時」，這些不稱職的人，自有定期及定時下台時候。任何人都不知道將來發生的事，就如無人有權力掌管生命，也無人有權力掌管死期，我們需耐心等候這個時候和定理的來臨，不需為不稱職的人煩惱與不忿，才是人生智慧的做法。

過往，我曾面對高位者推卸責任的處境。當時我會想，這時他只顯示出他對不稱職的職位存有恐懼和擔憂，對他也不是好受的事。這個難受和逃避，都是他坐在不適當位置的懲罰了。

在基督信仰內，都實行位高貴重的擔當，甚至要作為眾人的僕人，並要服侍人。耶穌就是這個榜樣，祂是神的愛子，滿有榮耀與權柄，服侍人外，還為人捨命。這樣的領袖，是位高權重者的學習榜樣。「你們中間，誰願為大，就必作你們的用人。在你們中間，誰願為首，就必作眾人的僕人。因為人子來，並不是要受人的服事，乃是要服事人，並且要捨命作多人的贖價。」（馬可福音十章 42 至 45 節）

耶穌的十二門徒跟隨耶穌去迦百農時，他們在路上彼此爭論誰為大。耶穌教訓他們說：「若有人願意作首先的，他必作眾人末後的，作眾人的用人。」（馬可福音九章 35 節）

有次耶穌的門徒雅各和約翰求問耶穌，要求他們在神的榮耀裏，一個坐在基督右邊，一個坐在基督左邊。耶穌說：「你們不知道所求的是什麼。我所喝的杯，你們能喝嗎。我所受的洗，你們能受麼。」耶穌是榮耀的君王，在於他喝的苦杯及受洗，是背負著極大的重擔十字架苦難，背負救贖人類的偉大工程和責任，並非一般人能承受。

穹蒼妙韻

「你想要做小人物還是當權者？如果你想要爬上任何事物的最高峰，就先要想想你是否可在『高處不勝寒』處都站得住腳了！」

14. 私相授受：行賄貪污

「私相授受，是有些人喜歡相處的行為模式，私下輸送利益，乘機建立關係和獲取額外的利益。原來不只人類會這樣，非物質界也有此現象。不謀而合地，兩種界別的私相授受情況，都是會帶來了一點損失和破壞。」

繽 紛 化 學

從「小三真的能破壞別人的婚姻嗎？」這篇中曾提及，活潑金屬可以把較不活潑的金屬從其化合物中置換出來，稱為金屬的置換反應。

原理就是較活潑的金屬較易放出電子，把電子交回給較不活潑的金屬陽離子，把該金屬陽離子變回金屬。例如氯化鋅溶液（zinc chloride solution）遇鎂金屬（magnesium），鎂把電子付給鋅離子（zinc ion），把鋅離子變回鋅金屬。而鎂失去電子後，變成鎂離子（magnesium），便可與氯離子結合成氯化鎂（magnesium chloride）化合物。

這個電子交換的過程，其實可以轉換成電流（electric current）。

把鎂直接放入氯化鋅溶液，鎂在溶液內直接把電子轉給鋅離子，這種情況類似「私相授受」的行賄行為，私下輸送電子，等於私下輸送利益。電子的轉移直接在溶液內完成，便不可以形成電流，這樣就消耗了電子轉移時形成的電能（electric energy）。

如何可避免電子被「私相授受」的情況，而充分利用這電能而形成的電流呢？

如果我們把鎂金屬片和鋅金屬片分別插入氯化鋅溶液中，鎂和鋅此時成為電極（electrode）。利用一條電線把鎂片和鋅片接連，那麼鎂金屬放出的大部分電子就不會私下在溶液內直接轉給鋅離子，而是會經由電線流去鋅電極的氯化鋅溶液內，鋅離子在另一端鋅電極處獲取電子後而變回鋅金屬。於是便形成電子在電線上的流動，因而產生了電流，這個裝置就是電池了（electric cell）。

所以利用兩個金屬電極和電線這個裝置，便可防止「私相授受」的情況，避免電能和電池的電流白白浪費。其實利用兩塊金屬片插入富含果汁的水果（如檸檬或提子等，因水果內富含果酸）內，並用電線連接兩個金屬電極，都可製成一個水果電池而形成電流。

註：電子流動方向是與電流流動方向相反。電流是由電池正極流向負極，但電子是由電池的負極流向正極。

人生路

在一個商業或不大文明的社會或國家裏，很容易出現為了私人利益而有私相授受情況，私下輸送利益，這種屬於枱底交易，會引致行賄與受賄行為，這種情況就有如不讓電子在電線流動一樣，產生不到電流，即是破壞了社會的公平性，損壞了群眾的利益，消耗了社會的資源，蠶食了社會的福利，阻礙了社會的正常發展。

所以為了維持社會的穩定秩序，廉政公署機構的設立（就如電池的裝置），就可防止「私相授受」等可能是貪污及行賄的行為發

私相授受：行賄貪污

廉政公署來了！
打擊貪污，
使社會重回正軌！

他們私相授受，
枱底交易，
近似行賄

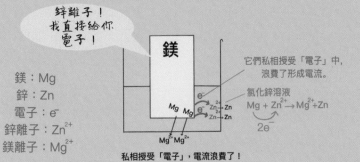

鋅離子！
我直接給你
電子！

鎂

它們私相授受「電子」中，
浪費了形成電流。

氯化鋅溶液
$Mg + Zn^{2+} \rightarrow Mg^{2+} + Zn$
$2e^-$

鎂：Mg
鋅：Zn
電子：e^-
鋅離子：Zn^{2+}
鎂離子：Mg^{2+}

私相授受「電子」，電流浪費了！

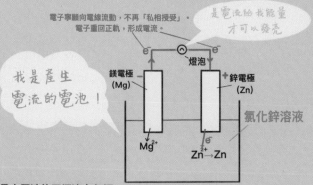

電子寧願向電線流動，不再「私相授受」。
電子重回正軌，形成電流。

是電流給我能量
才可以發亮

我是產生
電流的電池！

鎂電極
(Mg)

燈泡

+鋅電極
(Zn)

氯化鋅溶液

Mg^{2+}

$Zn^{2+} \rightarrow Zn$

電流是由電池的正極流向負極。
電子流卻由電池的負極流向正極。

生，使社會步向公開與公平的交易，從而達致富裕與繁榮。例如你會見一般以貪污為常的國家，人民生活都較為貧富懸殊，國家的發展都會較為落後。

在日常工作或生活中，另一類的私相授受、枱底交易也是普遍出現。可能未必是基於利益，只是基於方便、或相交的情誼、或共同的信仰。好像鎂與氯化鋅接觸，就是為了方便，鎂便即時交電子給鋅離子，於是便浪費了化為電流的機會。「有人朝內好做官」，正是這類。如果有相熟的人在一個機構內，你獲取這個機構的職位可能也較容易。工作能力未必是考慮的因素，只是基於情誼，可能職位對受聘人是不大稱職的私相授受，那便損耗了機構的利益了。如果是屬於教育工作上的私相授受，弊處更大，會損害了學生獲得應得良好教育的權利。

有謂「君子之交淡如水，小人之交甘若醴」，意即因君子有高尚的情操，所以他們的交情清淡得像純水一樣清澈，是指君子之間的交往，不含任何功利成分，他們的交往純屬真情的友誼，長久而親切。小人之間的交往，包含著濃厚的功利交易，他們把友誼建立在相互利用或私相授受的利益基礎上，表面看起來甘甜得像甜酒一樣。但如果對方滿足不了功利的需求時，很容易斷絕交往。因此，與人交往，要找君子，不要找小人，否則，可能就有很多私相授受或行賄的情況。

在基督教的信仰裏，不會有私相授受的情況。不是我們向神求什麼，就能得到什麼，因為神不允許妄求。「你們求也得不著，是因為你們妄求，要浪費在你們的宴樂中。」（雅各書四章3節）所謂妄求，是求不應得的名利或苛索。

神不會用金錢、名譽、地位或權力等來賄賂我們去信他，我們也不能用祭品或功德去賄賂祂，而由此使我們得福。我們的福是神白白賜予的，是一份禮物，不是交換條件。是基於因信稱義，不是基於行為。祂要的是我們徹底悔改認罪去跟隨祂。在信仰的過程中，未必會有求必應地取得福，反而有時會受到神的考驗與苦難的試煉。

　　為什麼我們信祂，還要有苦難的考驗？那麼唔信好過信！非也！事實我們每人生命中都會有不同的「死穴」，都需要神為我們通穴。或許一個自以為聰明驕傲的人，神要求他變得謙卑與順服，並接受神的訓誨；一個妄自逞強的人，神要求他看到自己的限制和缺點，跟著去接受神的援手；一個自尊心很強的人，神要求他放下自我，看到自己的錯謬，並接受神的拯救。一個身在福中不知福的人，神要求他懂得感恩和知足。神針對不同人有不同的呼召，目標就是要我們得到成長的益處，並得到神的拯救。「我的弟兄們，你們落在百般試煉中，都要以為大喜樂。因為知道你們的信心經過試煉，就生忍耐。但忍耐也當成功，使你們成全完備的，毫無缺欠。」（雅各書一章 2 至 4 節）

　　我原本是一個驕傲自恃的人，認為凡事都可靠自己的能力解決一切的問題，所以性格有點頑強和不服。最後都受到神的磨練而變得順服與謙卑，心境也快樂了許多，這就是信神的益處。

　　「在你生活或工作的環境，你有沒有遇到私相授受或賄賂情況呢？你會如何去處理或自處？

　　你有沒有死穴要去克服和改善呢？你可以靠自省或知心朋友去察覺，然後下定決心去改善。又或你可依靠神去幫助你？」

15. 皮膚美麗蓋世令人思念

「*皮膚美麗蓋世令人思念，的確是使女性羨慕，男性喜愛。空有美麗的外表，沒有實質的善心和良好行為品格，都是暫時的虛榮的外觀，很易令人淡忘及鄙棄。*」

化學世界

「皮（鈹）膚美（鎂）麗蓋（鈣）世令人思（鍶）念」其實是指化學元素第 II 族的鈹（Be）、鎂（Mg）、鈣（Ca）和鍶（Sr）四種金屬元素。這族元素稱為鹼土金屬（alkaline earth metals）。它們共同特性是，當它們溶於水時，會與水反應生成「鹼」性溶液（alkaline solution）。「土」的意思是它們可從泥土中找到，例如有些泥土含石灰（lime），就是氧化鈣（calcium oxide）。林則徐銷鴉片，就是利用石灰氧化鈣了。

為什麼不是「燒鴉片」？燒了一了百了嘛！「燒鴉片」，燒起的鴉片煙霧莫不是即時人人都吸毒了麼！要「銷鴉片」，就是要銷毀鴉片的功能，鴉片不能再燃燒起來產生有毒的煙霧。

當年林則徐已很懂得利用化學反應及便宜可取之物，就是海水及石灰。他把大量海水引入一個放滿鴉片的大池，然後灑下石灰。石灰溶於海水產生大量的熱和鹼性物質氫氧化鈣（calcium hydroxide），再與鴉片反應，形成另一種不溶於水的鈣的鴉片沉澱物，因而破壞了鴉片的結構，失去鴉片燃燒產生有毒煙霧的功能。

皮膚美麗蓋世令人思念

你真是「皮」膚「美」麗「蓋」世令人「思」念!
鈹(Be) 鎂(Mg) 鈣(Ca) 鍶(Sr)

鈹、鎂、鈣、鍶四種金屬元素,位於周期表第II族,
稱為鹼土金屬(alkaline earth metals)

鈣雖然美麗,但很快被氧氧化而衰殘,不及其化合物
氧化鈣(Calcium oxide,俗稱石灰)實用。

海水　　　　　　　　　　石灰

鴉片

很熱呀,而且溶液鹼性又高,
我抵受不住了,我要死了!

林則徐是「銷」鴉片!不是「燒」鴉片!就是利用了氧化鈣!
石灰和海水,就可把鴉片破壞「銷」毀。

您有內在美,且有很多優點,
更吸引!

這樣就不可利用這些鴉片使人吸毒上癮了，這是林則徐巧用科學的一大政績。

石灰用途很廣泛，因溶於水呈鹼性，可用來灑在耕地上，中和土壤中的酸，以免植物的根部受酸性影響而損壞。

人生路

「皮膚美麗蓋世令人思念」這一族的確是很有用途啊！在人生裏，這句說話的形容，的確又使很多女士羨慕和男士的傾倒。誰不愛美，誰不想被人讚賞及思念呢？

只靠外表去吸引人，只是暫時的，不能長久。正如鈹、鎂、鈣和鍶一樣，它們是活潑金屬，很容易氧化而變得外表暗晦，正如人漸衰老也會容顏憔悴，皮膚失去光澤。鈹、鎂、鈣和鍶靠著實力，以展示其對人的用途，如鈣形成氧化鈣時就有如上述的廣泛用途，所以人類都要靠自己的內心和才能，用真誠和美善待人，並對社會作出貢獻，這樣別人對自己的仰慕和傾心，才是真實和長久。外表的吸引只是暫時，表現優質的品格和內心的美善，才是深刻，留人記念。

其實，「維持社會穩定的執法人員」一篇中曾提及皮膚維持在pH5.5，都可讓皮膚美麗。另外身體因素很重要，體內血液循環好，有充足營養，懷著善良的心，有諸內而形諸外，都令人覺得你是美麗可愛的。

我最近有一次代課，一入課室，一群學生立刻哄讚我美麗，還讚我愈來愈靚。我很愕然，我這把年紀，額上頸上皺紋都蓋不了，

而且當時日日戴著口罩，怎知我真正面容？竟然用靚來形容我，真愧不敢當，以為她們在欺哄我！我問她們，我靚在哪兒？她們回答，「你由心裏靚出來」，此句說話才真正感動了我，好像真的出自內心的讚美。她們自此就日日上堂前這樣讚美我，令我很窩心。

到我完成兩個月代課時，離開該校，她們都表示十分不捨得我。我好似明星一樣，被熱切要求簽名、影相、送禮物和查問聯絡方法。

後期有學生寫給我：「您除了靚，Ms Ho 你係認真對學生 + 有問必答 ge」。

另一學生：「我很少遇到風趣幽默嘅老師，通常老師講書嘅時候都係完全跟著課本講，你會講一啲有趣嘅知識俾我哋聽，又叫我哋做人唔可以死板，要識得靈活變通。而且你講書好有趣。同埋你好願意解答我哋嘅問題，所以我哋都好唔捨得你。」

因此，「皮膚美麗」肉眼的美不重要，尊重學生的疑問、對工作表現的熱誠、內心善良的美和盡心盡力付出的愛，才是真正的「靚」、「美麗」和「漂亮」，才可蓋世令人思念。道德或屬靈的美才是最高的價值。

聖經提到「羅得舉目看見有水滋潤的好地，就為選擇了那塊地。」但這塊地是日後神要毀滅的地，所多瑪，比一般罪人更罪大惡極。所以注重表面的美好，而忽視道德及屬靈的價值，結果這種短淺的目光可能導致毀滅。

信徒都有分外表虛偽的行為和真心為善的，有分真信徒和偽信徒。

在基督信仰內，都是不著重信徒外表的信心，而是重視內心及真正的行為。

有信心的真正行為，就是免行惡，要憐憫人，要施捨窮人，要服侍有需要的人，要愛人如己。

聖經教訓我們都不可按著外貌待人，也不可以偏心待人，不可用惡意斷定人，不可用舌頭詛咒人，不輕易發怒，不重富輕貧，不顛倒黑白，不誣害人。如果有人說自己有信心，卻沒有行為，沒有行為的信心都是死的。

「若有人說，自己有信心，卻沒有行為，有什麼益處呢，這信心能救他麼！」（雅各書二章 14 節）

只注重表面禮教和儀式的敬拜，的確是冠冕堂皇。就如當年的祭司長和文士，他們表面是謹守神的誡命，但內心卻是污穢的。「因為從裏面，就是從人心裏，發出惡念、苟合、偷盜、兇殺、姦淫、貪婪、邪惡、詭詐、淫蕩、嫉妒、毀謗、驕傲、狂妄，這一切的惡，都是從裏面出來，且能污穢人。」（馬可福音七章 21 至 23 節）

「你信神只有一位，你信的不錯，鬼魔也信，卻是戰驚。虛浮的人哪，你願意知道沒有行為的信心是死的嗎。」（雅各書二章 19 至 20 節）真的，鬼魔也信神呢！因此，可能你會遇到一些基督徒，表面都很虔誠，心裏卻有嫉妒和自卑，所以暗地裏作了自私、爭強好勝、爭名奪利，甚至誣陷別人的罪來。經內說，這不是真信心。法國哲學家笛卡兒有句名言「我思故我在」，意思是，從我在思考這一點上就可以推導出我的存在。麥耀明牧師引用這句說話改為「我思故我信」及「我信故我行」，的確是至理名言。

他們是否真基督徒，不能由我們去判斷，也不必因他們的行為而影響了我們對神的信心。因為人始終帶罪性，那些人未能因信而跟從聖經的教導和督責，這就是違反了神的誡命。耶穌再降臨時的審判日，會把真假信徒分開，就可辨別誰是真信徒，誰是假信徒了。

　　事實上，世上任何宗教，虛有外表的虔誠而沒有內心，都是假的信心。「若有人自以為虔誠，卻不勒著他的舌頭，返欺哄自己的心，這人的虔誠是虛的。」（雅各書一章 26 節）

　　「你想皮膚美麗蓋世，還是內心美麗而表現於行呢？你希望擁有肉眼的美，還是道德或屬靈的美。
　　當然，兩者兼得最好，不用選擇。
　　如果天生兩者都具備時，你就真的是得天獨厚了！
　　你要多謝上天的恩待，並好好善用！
　　另外，你在選擇職業、前路、配偶、工作，或朋友時，是否根據眼前榮耀的美，還是根據一種永恒的價值？」

穹蒼妙韻

16. 即食文化與慢工出細貨

「即食文化與慢工出細貨是兩種不同的處事態度。原來化學世界也可表現出這兩種方法下的不同優缺點。人如何選取這兩種不同的工作態度，也影響著形成不同的社會狀態與成果。」

繽紛化學

在化學界的物質內，也有「即食文化」和「慢工出細貨」的現象出現。

海水中含有我們日常生活食用的食鹽氯化鈉（sodium chloride）。如果我們想從海水裏獲取這些鹽，可用兩種方法。一是急速地加熱，把海水中的水沸騰（boils）成蒸汽（steam）散失。這種方法稱為蒸發法（evaporation）。

另一種是把海水露於空氣中，慢慢讓其中的水分在室溫中蒸發成水蒸氣（water vapour）而散失。這種方法稱為結晶法（crystallization）。很多鹽田就是把海水引入至陸地，用結晶法，慢慢讓太陽曬乾水分露出鹽。

若你想在家中製取鹽結晶，可把鹽溶於水直至鹽不再溶解為止，這時稱為飽和溶液（saturated solution）。然後用一條幼線吊著少許鹽，放於鹽水中，置於室溫讓水慢慢蒸發，便可見在初時的鹽種上生出美麗的鹽結晶來。

蒸發法和結晶法，你試想想，哪種方法較好？

即食文化與慢工出細貨

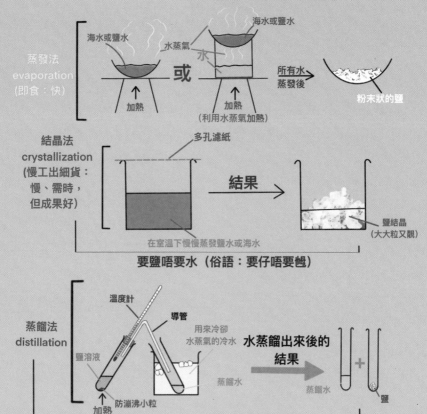

蒸發法
evaporation
(即食：快)

海水或鹽水
水蒸氣
水
海水或鹽水
或
加熱
加熱
(利用水蒸氣加熱)
所有水
蒸發後
粉末狀的鹽

結晶法
crystallization
(慢工出細貨：
慢、需時，
但成果好)

多孔濾紙
結果
鹽結晶
(大大粒又靚)
在室溫下慢慢蒸發鹽水或海水

要鹽唔要水（俗語：要仔唔要嫲）

蒸餾法
distillation

溫度計
導管
用來冷卻
水蒸氣的冷水
水蒸餾出來後的
結果
鹽溶液
蒸餾水
加熱
防濺沸小粒
蒸餾水
鹽

鹽及水都要（俗語：仔嫲都要）

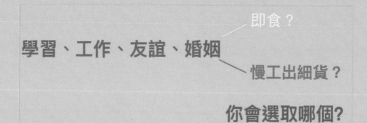

即食？

學習、工作、友誼、婚姻

慢工出細貨？

你會選取哪個？

當然可能各有答案，這視乎你想要哪一種好和如何定義好。

如果你想快，當然是蒸發法較好，「即食文化」中最喜好此法，可惜此法形成的鹽細碎如粉末。

如果你想鹽靚，形成透明晶體（crystal），就要用結晶法，因為水分慢慢蒸發，可讓氯化鈉中的氯離子和鈉離子慢慢整齊排列成有規則秩序的晶體鹽，固體顆粒質素較佳，這就是「慢工出細貨」的成果。

以上兩種方法，都是把水蒸發掉，只剩下鹽，俗語是「要仔唔要乸」，即是「要鹽唔要水」。在人的文化裏是不仁，在化學界裏是浪費。

最好就是「仔乸都要」，即是「鹽和水都要」。在化學界的方法就是用蒸餾法（distillation）。蒸餾法是用一蒸餾瓶盛載海水，然後加熱，至攝氏 100 度時，水就會沸騰成水蒸汽。把水蒸汽冷卻，降低水蒸汽的溫度而使它凝結為水，用試管收集。收集得的水就是我們常飲的蒸餾水（distilled water）了，是屬於純水。而鹽的沸點高，水完全變成水蒸汽後，鹽就留在蒸餾瓶內，分開收集，就兩者兼得了。

鹽是一種很有用的物質，它有防腐、殺菌、消炎消腫的作用。一般醫療用的生理鹽水是含 0.85-0.90% 的氯化鈉溶液，即是稀鹽水，可用於清洗皮膚傷口，不會有灼燒和不良反應。用於靜脈注射、沖洗隱形眼鏡、清洗眼睛或鼻腔的生理鹽水都是經過消毒的。而在日常生活中，用家中的稀鹽水漱口都對口腔衞生有幫助，也可有效消除喉部或牙肉輕微發炎。

坊間有礦泉水（mineral water），是指純水中含有一些礦物質，這些礦物質就是一些陽離子和陰離子如鈉離子、鉀離子、硫酸根離子等，是人身體所需的微量營養。

人生路

在我們現存的「即食文化」裏，好像「慢工出細貨」太不合潮流。在這個講求快的年代，快快完成一件事，不理好壞，起碼立刻有得食，有貨交，可惜，質素始終欠佳，與真正講求的效率也是大相逕庭。

在學生的學習裏，好像也寧願要學習捷徑，要所謂「秘笈」，可以「囫圇吞棗」，或「臨急抱佛腳」地去快快獲取考試的優良成績。如果學習知識是生吞活剝，缺乏思考，籠統含糊去吸收知識，只會是短期記憶或膚淺層面的知識。學習是需要聚精匯神，用心鑽研，思想、理解、整理、應用和內化，沒有捷徑，不能一蹴而就。有謂「沒有整理過的知識就是垃圾」，真的是要「慢工出細貨」的，否則只淪為「讀死書，死讀書，讀書死」的境地。現在社會不時有某些專業人士出現專業意外或失誤，可能這就是形成這種現象的其中一種原因。

有一次我去一間名校代課，我鼓勵及教導他們應先理解原理，所獲取的知識才可以加以運用。即時有一位學生大聲回應：「現在興死讀書呀！」此話和態度真令我有點唏噓。縱使他真的講出了事實，但我希望這只是少數學生學習的心思意念。如果學生在老師不斷鼓勵和培養下，學到真正的知識和判斷事理的原則，這個社會才會進步。

在與人交誼方面，都有即食與慢工出細貨之分。即食代表初初相識，互相很快有話題而熟絡起來。但彼此只談風月，不談私人生活感受。彼此的交誼膚淺，最多只能做到錦上添花的交往。慢工出細貨即表示大家的友誼，建基於互相了解，互相分享生活苦樂，互相體諒，屬於長久而真誠深交的友誼。有道是「錦上添花易，雪中送炭難」，這種友誼，彼此遇上困難時，更能做到雪中送炭。

另外有些時候和事情，「即食」表示短視地只集中眼前的利益，「慢工出細貨」表示具長遠目光，有「延緩補償」的心態和盼望的成分。即是以眼前短暫的時間、享樂或自由，換取較長一段時間後的補償所得的更大福報。例如 2019 年開始的新冠病毒流行，疫情嚴重時，我們暫時避疫在家，不外出工作或學習或玩樂，是犧牲了此刻眼前短暫的自由、享樂或利益，換取疫情盡快減輕，社會經濟更快重回正軌的更大回報。「即食」和「慢工出細貨」也是屬於目光短視與長遠眼光行為的兩種表現。

只顧全現時利益，揠苗助長，會操之過急，欲速不達，無法完成大事，同時可能會有反效果。有句名言：「小不忍則亂大謀」，成大事總要忍耐與持久忍辱的心態，這全是「慢工出細貨」的例子。

總的來說，任何事情，尤其是培育一個人的知識和品格，都是「十年樹木，百年樹人」，不可速成，要應時地慢慢插苗、施肥、種植和栽培，才可收成美好的果子。

信仰也是不可「即食」和「速成」的，要「慢工出細貨」。可能有些基督徒只是表面知道「因信稱義」和「永生」的概念。如果每日不讀經靈修，及不深思和履行聖經內的教訓與指導，是不能在靈命上有所成長。所以有些基督徒可能會予人觀感是沒有基督徒的

樣式，有損見證。正如聖經內提及撒種的比喻，我們聽了道，如果培植不好，很易被我們在世間的私慾或試探，如名利、權位的思慮而奪去。所以要持守誠實善良的心，深思聖經內容和神的話語，慢慢培養結出美好信仰的果子。「這比喻乃是這樣。種子就是神的道。那些落在路旁的，就是人聽了道，隨後魔鬼來，從他們心裏把道奪去，恐怕他們信了得救。那些在磐石上的，就是人聽道，歡喜領受，但心中沒有根，不過暫時相信，及至遇見試煉就退後了。那落在荊棘裏的，就是人聽了道，走開以後，被今生的思慮錢財宴樂擠住了，便結不出成熟的子粒來。那落在好土裏的，就是人聽了道，持守在誠實善良的心裏，並且忍耐著結實。」（路加福音八章 11 至 18 節）

如果你是基督徒，你的靈修生活或靈命成長又是屬於哪一種呢？

「你平日的讀書或工作態度，是即食還是慢工出細貨呢？

另外你在與人交往中，你會選擇即食還是慢工出細貨呢？即是你會選擇快而淺交，還是長而深交的友誼？

這全是你自己的選擇，你選擇是怎樣的人生態度，蒸發法或結晶法，便結出怎樣的鹽果子。」

17. 物競天擇，適者生存

「物競天擇，適者生存，不是達爾文的進化論嗎？原來他的進化論不只可應用在生物界，還可應用在化學研習範圍的非生物界內。除了生物為了生存而產生變異去適應環境外，非生物界都可自我保護！而人類世界對於適者生存也是必需的。但是否要存有競爭而互相汰弱留強，那就要看人如何看待自己是萬物之靈了。」

繽紛化學

前曾討論，若鐵露在空氣中，容易被氧氣氧化為鬆脫的鐵銹，然後不斷會氧化腐蝕以至毀壞，所以鐵是不易獨立生存，要靠其他較活潑的金屬如鋅、鎂自我犧牲來保護它。

鋁（aluminium）較鐵活潑，它更易被氧化，應更不宜獨立生存。事實上，剛好相反，鋁的氧化是一種自我保護的手段和機能。鋁露於空氣中，會立刻與氧反應生成一層厚度均勻的白色氧化鋁（aluminium oxide）保護層，這層物質不透水，也不透氣，緊貼附在鋁金屬的表面，可隔絕內裏的鋁與空氣和水接觸，阻止了鋁再度氧化而形成保護作用。鋁的氧化反而是保護了自己，真有「適者生存」的本事表現呢！

鋁若經一種叫陽極電鍍（anodization）的工業加工，把氧化鋁層加厚，就加強了抗腐蝕的保護性，同時可以染色，染上你喜好的顏色。因此，現時一般人都採用鋁造窗框，代替了鐵。

物競天擇 適者生存

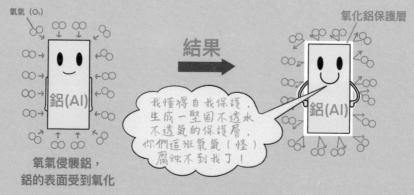

氧氣侵襲鋁，
鋁的表面受到氧化

非生物界的鋁金屬
都會適者生存

進化論不是普遍定律，
只是描述概括的現象

「物競天擇，適者生存」
鼓勵人類互相競爭才可生存，
所以現實都變成
「民要攻打民，國要攻打國」。
悲哀！

祝願世界和平！

人生路

「物競天擇，適者生存」，汰弱留強，表現在一般植物界和禽獸類的動物界，又或現在連非生物界都有類似的表現。在人類，進化論中適者生存都是需要的。人要面對無常的際遇，不作恰當的適應，不改變頑固的思想，不好好裝備自己，不務正業，真的會淪為失敗者而在人群中消失。例如對抗疫情的無常變幻，我們就要靈巧如蛇地向現實低頭，放低自我，屈就一時，才能適者生存。否則很容易對逆境產生抑鬱和焦慮，引致病痛纏身。

另方面，進化論中「物競天擇」的假說很易被人全心利用或誤解，作為人類互相競爭、爭權奪利、「不是你死就是我亡」的充份理由。所以損人利己靠競爭的適者生存手法，頻頻出現在學習、考試、工作職場中及國際間。人不斷爭取自己生存的空間，造成了人與人之間的競爭，甚至自相殘殺。造成「民要攻打民，國要攻打國」，戰爭頻仍，進化論中這一句論述的確遺留給人類不少毒害！

進化論內的「物競天擇，適者生存」，只是對一些現實表現的概括描述，並不是真理常規。況且，人類不是一般動植物，人是有靈魂的高智慧生物，因此，這種現象不應該包括人類。動物界和植物界沒有人類的智慧和良心，真正要靠汰弱留強地生存，他們少了人類的愛心、互助的行為、以及科技和醫學的發展。人的智慧、愛心和能力可把「物競天擇」的情況扭轉，實在不需要互相競爭為適者而生存，相反人類應是可作為互利共贏的生存者。

學習上，同學間互相幫助，互相支持，互相教導，在教人與被教中都有所得著，大家在學業上都會更進一步，達成了教學相長的成效。

在工作職場上，如果同事間不是你爭我奪，反而能同心同德，視工作不只是職業，而是事業。大家團結一心，共同謀求公司或機構的利益，無論個人或公司都會有極大的好處，社會也為之而進步。同時，團隊合作的經歷會令人振奮和難忘，增加人生的歡樂。個人也因此在合作下磨練了工作能力，及獲取和諧的職場人際關係，一舉多得，這樣又何樂而不為呢！

在國家層面上，在尊重人民的權利之餘，也可尊重彼此國家主權，尊重大家文化差異，齊齊合作，互相供應支援，達至共贏的地球村。

可惜，人有選擇權和自由權，有些人會選擇為善，但有些人可以利用自由去選擇為惡，並有很多理由去解釋自己為惡的原因。因此，這些人不可真正操控自己，反而被「物競天擇」操控了自己的心靈和思想生活。只有看透世情，看淡名利，心懷信任和安全感，才可走出「物競天擇，適者生存」的陰霾。

人為何可與別不同？人為萬物之靈，有靈魂，有智慧，有良心。是誰賜的？基督徒會認為是神創造人和給人靈氣的，其他走獸動植物是沒有的。「耶和華用地上的塵土造人，將生氣吹在他鼻孔裏，他就成了有靈的活人，名叫亞當。」（創世記二章7節）

在神的創造裏，神說：「讓地生出青草和結種子的菜蔬，並結果子的樹木，各從其類，在地上的果子都有種子在裏面。」（創世記一章11節）「神創造大海獸和水中滋生所有有生命的爬物，各從其類，和所有有翅膀的飛鳥，各從其類。神看那是好的。」（創世記一章21節）各從其類，就是每一種植物和動物都有屬於他的地方和族群，不是物競天擇地演變出來的。在神的創造裏，每個人也應該有屬於自己

的地方。這地方可能是一國家、一個團體、一個教會、一個你認同的族群，或一些志趣相投的朋友群。你是屬於哪一類族群呢？你可以在這族群發揮什麼作用呢？

聖經的創造論，任何事都是神創造及賜予，不是人自己可爭取和掌控。

人的墮落，就是人利用神給予的自由意志及智慧，使出巧計，「就是神造人原是正直，但他們尋出許多巧計。」（傳道書七章 29 節）人不願神去管理，不聽從神的說話和誡命。因此，始祖犯了罪，罪性帶入了世界。最後，人在世，表現很多罪性，如自私、貪婪、誣害、競爭、嫉妒、惡性競爭等。「時常行善而不犯罪的義人，世上實在沒有。」（傳道書七章 20 節）

所以我們應該謙卑地倚靠神，求祂可賜給我們戰勝罪惡的力量，表現神原本賞給我們的善良正直的心，在互助互利中而適者生存。「人知道行善，卻不去行，這就是他的罪了。」（雅各書四章 17 節）

「你學會了哪些適者生存之道？
你是物競天擇的受害者，還是忠實信徒的執行者？」

18. 不翼而飛，無影無蹤消失了

「不是裝神弄鬼！在物質界、人界與天界都存在突然消失的『奇蹟』！不用驚慌，有解釋的。」

繽紛化學

「咦，為什麼衣櫥裏的臭丸突然無影無蹤不見了？」「為什麼我用來冷藏雪糕的冰，突然無影無蹤不見了？」

以上事件是否真的很懸疑？難道⋯⋯？

只要你用科學解釋，這些事就很易拆穿了，那麼你就不會太輕易地相信裝神弄鬼的事情。

一般物質，在正常狀況下，固體受熱下，會慢慢熔解（melts）為液體，再慢慢沸騰（boils）為氣體。又或氣體在冷卻下，慢慢凝結（condense）為液體，再凝固（solidifies）為固體。物質的固、液、氣三態，一般是逐漸轉變的。

但原來另外有一些物質，就有不按以上常理的反常表現。例如消毒用的碘酒，是碘固體溶於酒精中而成的。碘（iodine）在常溫常壓下，是一種黑色固體。但它有一種稱為昇華（sublimation）的性質，就是固體在受熱下，會直接昇華為紫色蒸氣，不需經過液體狀態。即使把碘露於室溫空氣中，它都會慢慢昇華為碘蒸氣（iodine vapour），直至整個固體消失。但要小心注意，碘蒸氣有毒，如果我們吸入，是十分危險的，所以切勿把固體碘露於空氣中。多年前，

有一間學校進行實驗時，用了碘固體，並把少量碘固體散落在實驗枱上而沒有清理，於是另一班學生進入實驗室時，吸入碘蒸氣後感覺不舒服，結果有多名學生送院治理。

碘蒸氣雖然有毒，但在科學鑑證中有很大用途，它可以用來把印在物件上隱形的手指模顯現出來。因為我們皮膚會排泄少許非極性（non-polar）的油脂，碘也是非極性物質，可溶於指模中的油脂，呈現褐色，於是指模印紋便可顯現出來。

到這裏，可能你也會懂得解釋衣櫥內的臭丸為何不翼而飛了。原來臭丸也有這種昇華性質，固體臭丸放久了，會完全昇華為蒸氣而散失，不留下一點痕跡，你絕不會見到一灘臭丸液體留在衣櫥內的。

另外，為什麼冰會不見了？明明冰會熔解為水的。

原來看似來冷藏雪糕的冰，是另一種物質稱為乾冰（dry ice）。乾冰其實是固體二氧化碳，當它在室溫時，會直接釋放出二氧化碳氣體，這種性質，類似昇華作用。我們在現實裏，不可能見到二氧化碳液體的，所以加了「乾」字去形容。你有時會在一些表演上，見到如仙境的雲霧，都可能是由乾冰製造出來的效果。本來二氧化碳氣體是無色看不見的，如果灑水於乾冰上，由於釋放出二氧化碳氣體溫度極低，會把空氣中的水冷卻為煙霧狀。不過要注意的是，固體二氧化碳乾冰的溫度十分低，是攝氏零下 78 度（-78 度），如果用手直觸接觸它，手會被凍傷，小心！。

（在「常理、反常、無常！」一篇中也有一個反常例子）

不翼而飛，無影無蹤消失了

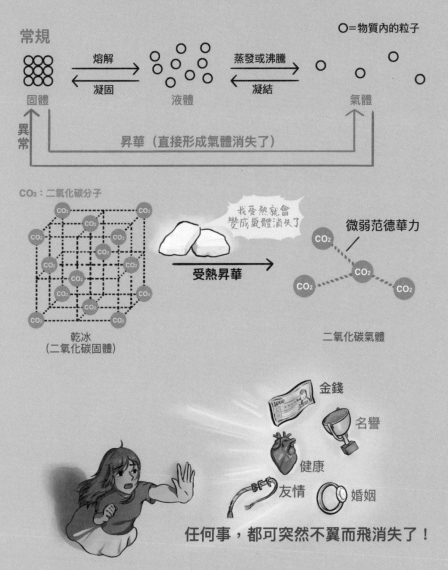

人生路

世間有很多事情，都會突然間像昇華了一樣，無緣無故、無聲無息、無影無蹤之下突然不翼而飛，消失了，不留下一點痕跡。

例如你可能很富有，但在做生意時或投資理財時，不慎因意外，或疫情，或股市突然下滑，或社會國際間的不穩定，以致很多金錢像碘昇華了一樣，不翼而飛，消失了。

明明這刻有健康的身體，又懂養生，但下一刻可能突然又會發現身體有大大小小不同的毛病，（例如不幸地現在很多人突然患癌），這就阻礙你的工作，影響你的心情，消耗你的金錢，窒礙了與朋友的交往，這時又會覺得健康及安全感突然不翼而飛，消失了。

明明這刻夫妻恩愛，突然發現你的另一半有第三者，弄致婚姻破裂，這時你會覺得你的尊嚴及家庭不翼而飛，消失了。

明明你有好好的工作，突然出現一些偽善的人與你競爭，誣害你的工作表現，搶奪你的職位，令你不能在你的工作崗位上得到發揮，這時你會覺得自信心和能力感不翼而飛，消失了。

明明與朋友的關係很好，突然他因自己的私慾而背棄你，令你的情感受到傷害，這時你會覺得人世間的友誼和關懷不翼而飛，對人的信任消失了。

明明此一刻一個人還好好存在，可能下一刻因疫情或意外或重病而突然在人間消失了。

但，有一次，我明明腳膝痛了一整年，一年後突然痛楚無聲無

息不翼而飛，消失了。這次消失，卻是得不是失，是好不是壞。因此，人生中各樣事物的消失，並不全是壞事。

人生不如意事，十常八九，但無論是好是壞，始終都會有機會消失的。所謂「生有時、死有時」，「哭有時、笑有時」，「保守有時、捨棄有時」，「喜愛有時、恨有時」，「尋找有時、失落有時」。

各式各樣的變幻情況，經常會在人生裏發生。日光之下並無新事。已過的事都追不回來的，「忘記背後，努力面前的，向著標竿直跑」，所以要珍惜目前所擁有的一切，換言之，珍惜此刻的金錢去玩樂或施予給他人，珍惜此刻夫妻的恩愛，珍惜此刻健康的身體；珍惜此刻的工作，勤奮積極；珍惜此刻的友誼，待人處事不計較，不量稱，不嫉妒，不好勝，不驕傲，不發怨言。好好珍惜此刻的一切。那麼，當這一切突然一聲不響消失時，你都不會感到後悔或遺憾。因此，要珍惜「蘇州過後無艇搭」的短暫性。

你有試過某些事情不翼而飛嗎？您有沒有感到很失落？悔恨當初沒有珍惜？

在基督教的信仰裏，也會有不翼而飛、消失了的情況。那就是耶穌被釘死在十字架上，第三天復活，從墳墓裏消失了。

那少年人對他們說，不要驚恐。你們尋找那釘十字架的拿撒勒人耶穌，他已經復活了，不在這裏，請看安放他的地方。」（馬可福音十五章 6 節）

「我當日所領受又傳給你們的：第一，就是基督照聖經所說，為我們的罪死了，而且埋葬了；又照聖經所說，第三天復活了。」（哥林多前書十五章 3 至 4 節）

四本福音書已是耶穌基督復活的見證。其實還有不少學者都證明基督復活是真確的。例如英國有一位叫莫理遜（Frank Morison）的學者，他本來是反基督的，原想推翻基督復活這個講法，於是以嚴謹批判的態度收集有關資料，寫成一本叫「Who moves the stone」一書，結果書內寫著「總括來說，經過本書重重驗證，我認定有足夠理據去證明，主已於第三天從死裏復活，確實有著深邃和可信的歷史性基礎。」。

　　耶穌從死裏復活的這種消失，代表戰勝死亡，使我們得釋放自由，是得不是失。耶穌的復活是救贖的工程，赦罪潔淨我們，使我們不再活在罪中。我們得到耶穌基督的救恩，我們的生命就可改變，並可享有永恆的生命。到時一切在天國裏的事物，不會突然消失，唯有罪惡是永遠消失。「唯有膽怯的，不信的，可憎的，殺人的，淫亂的，行邪術的，拜偶像的，和一切說謊話的，他們的分就在燒著硫磺的火湖裏。這是第二次的死。」（啟示錄二十一章 8 節）

　　「神啊，有何神像你，赦免罪孽，饒恕你產業之餘民的罪過。不永遠懷怒，喜愛施恩，必在憐憫我們，將我們的罪孽踏在腳下，又將我們的一切罪投於深海。」（彌迦書七章 18 至 19 節）

　　因此，耶穌受難以至於復活是一個很大的恩典，
　　對我們是一種極具震憾力的改變。
　　我們在享受復活節假期之餘，
　　也應稱頌主名，帶著感恩與喜樂！

　　「你曾經歷過不翼而飛的事情嗎？是喜還是悲？是福還是禍？無論是悲喜禍福，始終都會不翼而飛消失的。」

（一）繽紛化學人生路

19. 常理、反常、無常！

常理：按照一般自然常理而呈現的現象
反常：不按照一般自然常理而出現的現象
無常：流轉並定期性出現變化，沒有常一不變的本質

繽紛化學

你們有沒有發現，當你把一瓶汽水放在冰格內，如果放得太久，汽水中的水會凝固成冰，這時冰體積就會比原來水的體積大，於是產生膨脹，把汽水樽的玻璃壓破。這種現象，就是水的「反常膨脹」而引致的。又或者在冬天湖水結冰時，冰會浮在水面上，這也是因為水凝固成冰時，體積變大了，密度變得比水小，於是浮在水面上。

為什麼用「反常」來形容水凝固成冰的狀態呢？

因為「一般物質」的「正常」狀態，分為固態、液態和氣態。固體物質裏面，粒子排列最為緊密和有秩序，所以密度（density）最大。液體物質粒子間的距離和排列，較固體的較為稀疏和不規則，所以液體的密度一般較固體小。而氣體物質粒子間的距離最大，排列最不規則，因此氣體的密度是最小的。密度小的會浮於密度大的物質上。

但水就不按上述正常的規則。液態水遇冷降溫凝固成固態冰時，由於水分子間產生了一種特別強的吸引力，名叫氫鍵（hydrogen bond），這種氫鍵規定了水分子之間的固定排列方式，這種排列方

式稱為正四面體（tetrahedral）。這種排列方式令到水分子之間出現了龐大開敞的空間，即表示固體冰內水分子之間的距離反而增大了，與正常液體凝固成固體時，粒子之間距離縮小了的現象剛好相反。因此冰的體積反而變大了，密度反而變小了。所以稱為「水變冰的反常膨脹」。

化學一般討論的物質界內，有很多固定預見的定律與規則，但有時有些物質是不按固定的規則形成所預見的現象，例如，前曾講及離子化合物如氯化鈉（sodium chloride）、硝酸鉀（potassium nitrate）都可溶於水。但原來另外有些離子化合物又不會溶於水的，例如氯化銀（silver chloride）和碳酸鈣（calcium carbonate）（是大理石和石灰岩的成份）等。又或固體不變液體，直接昇華成氣體等，都是反常事件。

事實上，化學界內形成一種現象可基於多種因素，至於哪個因素形成哪種現象，有時會令人難以觸摸和判斷。就如學生學習電解一課時，就顯現很大的困難。因要考慮電解結果時，要同時考慮三個因素，所以如果分不清處境，就會很難掌握而表現得迷惘或導致錯誤的判斷。例如電解食鹽的濃溶液時，最初是放出氯氣和氫氣。但經過電解一段時間後，當食鹽的濃度變小，生成的氣體再不是氯氣而是氧氣了，這也可說是無常。因萬事萬物都在時刻變化中，所以結果也會產生變化，這就是無常。另外，有時化學界對有些現象暫時還未能作出解釋，這可說是科學界的「限制和無常」。這種「無常」可使人覺得學習化學非常困難。等於人對人生的無常，也覺得無可奈何。

（在「不翼而飛，突然無影無蹤消失了！」一篇中也有一個反常的例子）

常規、反常、無常

常規(好心有好報)

〇=物質內的粒子

固體密度 > 液體密度 > 氣體密度

反常(好心無好報)

根據常規，一般固體密度是較液體的大。
但冰的密度小於水，所以浮於水面，這是水變冰的反常膨脹現象。

無常(福禍相依，定期循環出現)

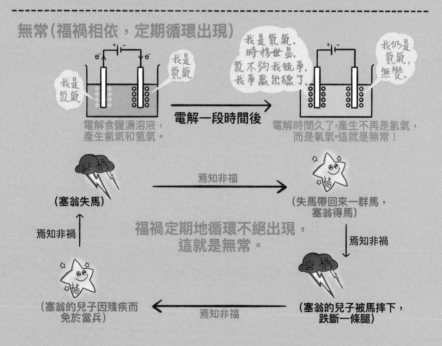

找是氫氣

我是氫氣

電解一段時間後

我是氫氣，時移世易，氯不夠我競爭，我爭贏出線了。

找仍是氫氣，無變。

電解食鹽濃溶液，產生氯氣和氫氣。

電解時間久了，產生不再是氯氣，而是氧氣。這就是無常！

(塞翁失馬)

焉知非福 →

(失馬帶回來一群馬，塞翁得馬)

↑ 焉知非禍

福禍定期地循環不絕出現，這就是無常。

↓ 焉知非禍

(塞翁的兒子因殘疾而免於當兵)

← 焉知非福

(塞翁的兒子被馬摔下，跌斷一條腿)

人生路

化學難讀和學，人生更不易讀和學。

「善有善報，惡有惡報。若然未報，時辰未到」，「好人有好報」，「因果報應」等，這些都是人生對善惡期望的常規，這是人間的正道，可說是遵守了道德秩序的規律。但人生裏，又會看到許多好人遭害或壞人得逞的現實，破壞了道德秩序，這就是反常的例子。

同性相拒、異性相吸本來是科學界或自然界常規性的現象。例如正負異性電荷相吸，南北極不同磁場的相吸。婚姻本也應是陰陽男女異性結合的關係。但在真實的人生裏，又看到不少同性戀愛或同性婚姻，是同性相吸的現象，又或甚至有雙性人，這就是常規中的反常情況。生物界都有雌雄同體的蝸牛，大自然界真是包羅萬象，何況是人生呢？反常都是真實存在，無論在化學界、自然界或人生裏，我們都需要尊重這類的事實。

另外，「多勞多得，積少成多」是正常的追求，可是我們又見到這世上，不少人勞累一生，也得不到應有報酬，是命也？無從羨慕與妒忌他人。

比上是永遠不足，比下有餘已十分安樂了，所以知足常樂。很多「貧者愈貧，富者愈富」等不公現象，這是物質秩序的反常特性，好像是上天一早安排，命運如此，俗語有說：「食幾多，穿幾多，整定的」。因此，這類反常與無常存在於日光之下的人間。他日見人疾病與勞苦，千萬不能斷言這就是報應。

一個人貢獻自己的一生，當時得到掌聲和讚美，但年紀大了，生命及事業已經下滑。所以無論之前有幾多豐功偉績，到頭來，人們不會記得，亦不值得留念，所以人生是虛空，是捕風。任你有幾多名譽地位，最終人死如燈滅。「他身後的事，誰能使他回來得見呢」。「智慧人和愚昧人一樣，永遠無人紀念，因為日後都被忘記，可嘆智慧人死亡，與愚昧人無異。」（傳道書三章 16 節）。「已有的事，後必再有。已行的事，後必再行。日光之下，並無新事。豈有一件事人能指著說，這是新的。那知，在我們以前的世代，早已有了。已過的世代無人紀念，將來的世代，後來的人也不紀念。」（傳道書一章 9 至 11 節）

　　「塞翁失馬，焉知非福」，「塞翁得馬，焉知非禍。」，「禍兮福之所倚，福兮禍之所伏」，福禍相依。人遇福會耽於安樂，遇禍才會深刻反省，這才是不變的常規，這也是無常。

　　無常的生活例子多的是。例如 2019 年開始的新冠病毒疫情，令到一些滿以為可以做到退休，而又令人羨慕的高尚職業「飛機師」，由於多國封關，好些飛機師都被航空公司辭退。結果他們分別轉行做了其他行業，如影視和餐飲。有些更甘於放下自己，向現實低頭，做的士司機或送貨司機，這是值得讚賞的。誰想到一次疫情，就好像改變了人的命運。不過，「凡事都有定期，天下萬務都有定時。」「辭退有時、僱用有時」，待疫情過後，各國關口重開，他們又可重新做回他們的理想事業飛機師了。

　　另外一個例子是 2022 年韋史密夫（Smith）在「第 94 屆奧斯卡金像獎（Oscar）」頒獎台上，掌摑了基斯洛克（Chris Rock）一個巴掌，瞬間成為全球網絡熱話。

穹蒼妙韻

韋史密夫成為影帝，在奧斯卡頒獎禮上，因為頒獎嘉賓基斯洛克以他妻子的光頭造型開玩笑，韋史密夫衝上台掌摑了對方一巴，返回座位後再用粗言穢語謾罵對方。韋史密夫跟著辭去學院的成員資格，並發表聲明向基斯洛克、奧斯卡製作人、提名人及觀眾致歉。最後美國電影藝術與科學學院決定，禁止影星韋史密夫未來十年參加包括奧斯卡頒獎禮在內的所有活動。

　　第 94 屆奧斯卡頒獎禮旨在表揚過去一年作出很多傑出工作的人，但就被韋史密夫在台上的不可接受和有害行為掩蓋。原本獲取這類獎項是韋史密夫在電影界努力下的一大成就，正是「塞翁得馬」的時候，豈知可能是一時的自尊心引致的衝動，令他聲譽盡毀，並毀滅了自己的黃金事業，不是「焉知非禍」嗎？不過，禁止他十年參加奧斯卡獎項的活動，令他「塞翁失馬」，又「焉知非福」呢！可能由此教訓，使他成為一個更為謙卑和忍耐的人，將來更加成功。

　　我們不可避免這種無常的常態出現。可以說是命運，可以說是際遇，有時不是人力或任何智慧所能預見、掌握與控制。我們尚有很多不明白、不理解、無從解釋的現象，所以有些人不滿意和不接受這種無常，想刻意逃避無常的人生，就會求神問卜，或用風水術數改運，最後弄致生活上有很多「忌這避那」的禁忌規條，過著不必要的擔憂與恐懼的不自由日子。其實風水都講「風水輪流轉」，都承認了無常的變化。那麼如果接受無常才是常理，隨遇而安，就可避免迷信或因太多禁忌而活在惶恐及不安中。

　　我自小生長在一個頗為迷信的家庭，生活上有很多避忌，所以我心裏總滿是不安感，恐犯禁忌而惹禍。記得其中一種禁忌是，凡去了殯儀館都不要直接回家，在街先逛逛，以及回家時要跨過火盆，

否則可能會帶了邪靈回家。但學習了科學後，我才明白，這可能是古時一代傳一代不明甚解的習慣。以前科學不昌明，消毒藥品少，殯儀館是放屍體的地方，總帶些細菌及病毒。在街逛一圈，借太陽的紫外線可殺菌。回家跨火盆，火同樣有滅菌作用，其實是避免把細菌帶回家吧了。中國傳統的一些禁忌，可能有些是基於對科學的不理解，為了使人依從而神怪化，因而忘卻了起初的原意。依此原理，現在新冠病毒肆虐，我在街外購物後都會在太陽下及空曠地方逛一圈，藉著太陽的紫外線及新鮮空氣的幫助，殺滅及減少我衣服及身體上的病毒。

總結來說，人生總是無常的，沒有定規。但無論正常、反常或無常，我們都以豁然開朗的心情去面對，天無絕人之路，希望在明天，與希望打個招呼，與絕望講永不再見，才是對付無常的板斧。

在面對困境時，解決的程序是「先接受，後放下。」為什麼要先接受？現在不是常常強調叫人「放下」嗎？事實上，未接到在手裏，如何放下！

有次我見一位不大相熟的朋友，她精神萎靡，滿頭亂亂的白頭髮。與她傾談了十分鐘後，她才道出她的困擾。她發現了另一半有第三者，她想不到方法解決，失眠了兩個月。怪不得！與她傾談中，我發現她根本不願接受這件事的發生。於是我勸她不要否定事實，已發生了的事是不能阻止的，就是要先接受這份殘酷的禮物，接在手中，並感受這個事實所帶來的情緒，消化了，才由手裏或心裏放下。她聽了後毅然好像醒覺了，回應說：「係嗰，真是叮了我一叮，一言驚醒夢中人，使我茅塞頓開。其他朋友不斷叫我放下，在我心中根本放不下！」我解釋給她說，因為她拒絕接受第三者的出現，

拒絕另一半已移情別戀，未肯接受這份「人生無情的禮物」，那麼如何從手中放下。接受了現實，和正面面對自己的感受後，自然會想到如何解決問題，同時也懂得從手中放下這份「無情禮物」。結果，一個月後見她，立時變了另外一個人，精神飽滿，容光煥發了！她終於睡得著，並很決斷把事情解決了。因此，要斷、捨、離，也要先接受「斷」的原因和意義。

我也經歷過無常的處境，使我人生曾陷落低谷。我自以為靠自己的聰明才智，可解決任何問題，可創造美好環境。殊不知神讓我轉去另一個工作環境，我以為是福，卻陷入了無底深淵，經歷萬般的禍劫，幸好神與我同在，讓我接受與放下，並讓我明白到「專心仰賴耶和華，不可倚靠自己的聰明。」（箴言三章5節）

珍惜此刻所做事情的滿足感，珍惜可存的日子和情誼，盡情吃喝，隨遇而安，正面欣賞每一刻，以「助人為快樂之本」去幫助別人，體驗愛與關懷。知足和感恩地接受命運中的「禮物」（包括禍與福），放下那些私慾（包括貪婪、嫉妒、仇恨、焦慮、憤怒、好勝）的牽掛，這類牽掛只是製造自我傷害，又或是把別人的過錯或無常的事情來懲罰自己，而人生的苦，都是來自拒絕接受人生遇到的無常的禮物。

真實感受禮物所賜予的人生歷練，活在當下，珍惜享受當前眼中景，耳中聲，口中味，鼻中氣，及身邊人，就能活得瀟灑自在。有句話說得好：「豈能事事盡如人意，但求無愧於心。」

快樂的公式：快樂＝擁有／期望。期望愈少，快樂愈多。沒有期望的人有福了，因為他必不會感到失望而影響情緒和生活。「遇亨通的日子，你當喜樂。遭患難的日子，你當思想。因為神使這兩樣並列，為的是叫人查不出身後有什麼事。有義人行義，反之滅亡。

有惡人行惡，倒享長壽。這都是我在虛度之日中所見過的。不要行義過分，也不要過於自逞智慧，何必自取敗亡呢。不要行惡過分，也不要為人愚昧，何必不到期而死呢。」（傳道書七章14節）

對於無常的人生，世上有好些宗教去解釋，以及教人去處理很多無常的際遇，令人有所盼望而有出路。若信仰基督的，其實一切都是來自神造物主所賜的，全不是我們可賺回來的，包括勞碌後的享樂或成功。我們應依靠耶和華，認罪悔改，靠著神的安慰及賜予的平安和福份，「百無禁忌」去渡過無常的困境，「神的恩典是夠我們用的」，它可把我們的困境這份禮物轉化，由壞變好。同時我們也可感恩地盡情享受神賜予世間的福樂，作智慧人，積極生活，不枉神給我們的分，並盼望天上永生的來臨。

至於人在世間的作為，對善惡、好壞或義與不義的選取，自有每人的自由與選擇，我們可對善惡有所判斷，但不用去批判別人的對錯，又或受其行為影響而心懷怨憤。「我又見日光之下，在審判之處有奸惡，在公義之處也有奸惡。我心裏說，神必審判義人和惡人，因為在那裏，各樣事務，一切工作，都有定時。我心裏說，這乃為世人的緣故，是神要試驗他們，使他們覺得自己不過像獸一樣。」（傳道書三章16至18節）

惡人最後的結局，就讓他們在末世、天國來臨時，等候神公義的審判了。

聖經裏有三卷書，分別呈現了正常、反常與無常的人生觀。道出了三種秩序，分別是正常和反常的道德秩序、正常和反常的功能秩序，以及反常及和無常的物質秩序。

穹蒼妙韻

145

箴言強調善人得祝福，惡人得報應。這符合了善惡分明的常規。道出正常的道德秩序和功能秩序的掌管，惡有惡報，善有善報。「不義之財，毫無益處。唯有公義，能救人脫離死亡。耶和華不使義人受饑餓。惡人所欲的他必推開。手懶的，要受貧窮。手勤的，卻要富足。」（箴言十章2至4節）

「好施捨的，必得豐裕，滋潤人的，必得滋潤。屯糧不賣的，民必咒詛他。情願出賣的，人必為他祝福。懇切求善的，就求得恩惠。唯獨求惡的，惡必臨到他身。」（箴言十一章25至27節）

「喜愛管教的，就是喜愛知識。恨惡責備的，卻是畜類。善人必蒙耶和華的恩惠，設詭計的人，耶和華必定他的罪。」（箴言十二章1至2節）

約伯記卻是描述了義人約伯為人正直，欲反遭重重的災難和極度的痛苦，家破人亡，全身染病。三種秩序，就是道德秩序、功能秩序和物質秩序都反常。

傳道書道出了財富福禍都是神所預定，三種秩序可以說是於反常及無常的。「我又專心察明智慧、狂妄，和愚昧，乃知這也是捕風。因為多有智慧，就多有愁煩。加增知識的，就加增憂傷。」（傳道書一章17節）傳道書言日光之下，無常與矛盾時常發生，以及種種不公平和令人沮喪的事。「人生萬事皆虛空，如捕風」。好像命運就是日光之下（人間）的主宰。任何福、禍、享樂、勞苦、成功和失敗都是神一早安排的。這些都會定期按時出現在各人人生裏。非基督徒會說是上天給予命運的安排。事實上，掌握人類命運的就是神。「凡事都有定期，天下萬務都有定時。生有時，死有時。栽種有時，拔出所栽種的也有時。殺戮有事，醫治有事。拆毀有時，建造有事。

（一）繽紛化學人生路

哭有時，笑有時……喜愛有時，恨惡有時。爭戰有時，和好有時。
這樣看來，作事的人在他的勞碌上有什麼益處呢。我見神叫世人勞
苦，使他們在其中受經練。神造萬物，各按其時成為美好。又將永
生安置在世人心裏。然而神從始至終的作為，人不能參透。」（傳道
書三章 1 至 11 節）

書中更提到是禍是福都是表面的，有時人蒙神賜他的財富、尊
榮，以致他心裏所願的一樣都不缺，只是神使他不能吃用，反而有
外人來吃用。這是虛空，也是禍患。這更道出了三種秩序的無常。

這三卷書充分地表達了人生的各種形態，但最終三卷書都分別
認為，「敬畏耶和華，是智慧的開端。」（箴言）

約伯記最後結尾記述約伯恢復了從前的境況，甚至比從前更加
昌盛。神譴責約伯的朋友們不領悟約伯遭受苦難的意義，還責怪約
伯是否得罪了神而得報應。唯有約伯深深地了解神遠比一般傳統宗
教所描繪的更為偉大。「從前我風聞有你，現在親眼看見你。」（約
伯記四十二章 5 節）

傳道書鼓勵勤勉人仍然要辛勤工作，盡量享受神所賜的恩物、
喜樂和福分。最後傳道者更以積極的思想作結尾：「敬畏神，謹守
他的誡命，這是人所當盡的本分。」

「你知道了人生會遇到很多變幻，
你決定了用何種方法和形態去生活呢？
你又如何去面對反常和無常的命運呢？
自求多福？
求神問卜和風水術數？
還是…跟隨耶穌？」

窮蒼妙韻

20. 鑽石代表永恆？變幻才是永恆！

「鑽石恆久不變，代表永恆？事實上，外表堅硬光輝奪目的鑽石都會變，但變得很慢，慢到天荒地老也見不到它的變化，所以世上無物質是永恆的。要永恆不變，唯有盼望永生。」

繽紛化學

眾所周知，鑽石（diamond）很貴重，是大部分人所追求擁有的。原因是它燦爛奪目，發出耀眼光輝。而且鑽石是所知的最堅硬物質，任何物質都不可使其磨損，故俗稱金剛石，可用來切割玻璃。它的熔點和沸點都很高，熔點高至攝氏 3,500 度。同時又不會受任何物質例如水或酒精或電油或酸鹼等所腐蝕。所以有人說，鑽石恆久不變，代表永恆。於是，人很喜歡以鑽石作為婚姻的永恆象徵。

是的，鑽石在我們有限的有生之年，真的不會見到它的變化。但事實上，如果我們有永恆的生命，就可以見到它變為另一種物質，例如石墨（graphite）。

其實，鑽石是由碳原子（carbon atom）所組成。在鑽石內，每個碳原子與其他四個碳原子共享電子對，以很強的吸引力即共價鍵（covalent bond）連結在一起。每個碳原子不斷都以這種方式連結下去，結果形成一個堅固的三維空間的網狀結構（3-dimensional network）。

鑽石代表永恆？

鑽石（diamond）　　會變，但變得很慢　　→　　石墨（graphite）

能量較高　　　　　　　　　　　　　　　　　　能量較低

見到變化與不變，要考慮兩個因素：

(一)相對能量

能量

鑽石（能量較高，較易變為能量較低的石墨）

放熱　$\Delta H = -ve$

石墨（能量較低，較穩定）

反應坐標

(二)活化能

鑽石變為石墨的反應
活化能高，所以反應慢

＊活化能是物質開始反應所需的能量

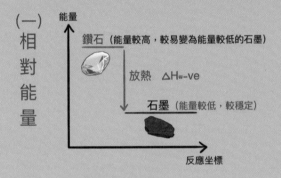

石墨呀！
我要爬過高山
才可變為你呀！
這個能量高山很高，
要經很久一段日子才可克服呢！
爬到我索晒氣。
不過，雖然我爬得耐，
但我最後一定會爬過了
此能量高山而變成你的！

能量

＊活化能

鑽石

石墨

反應坐標

另一方面，碳原子也可以用其他連結方式連結成石墨，所以鑽石與石墨分別都是由碳原子以不同結構（different structures）形成的。鑽石與石墨可以互相轉變。鑽石變為石墨時，會放出熱能（exothermic）。即是說，鑽石的能量高過石墨的能量。凡是具有較低能量（lower energy）的，都是屬於較為穩定（more stable）的物質。換句話來說，石墨是較鑽石穩定（more stable），鑽石會轉變為較穩定的石墨。

「有機會變，並不是指很快就會變，但一定會變，只是變得慢到我們有生之年都未可見而已。」

為什麼變得慢到有生之年都未見到變化呢？鑽石轉變為石墨時，是需要很高的能量才可產生變化，這個能量稱為活化能（activation energy）。就正如我們要燃燒物件時，都需要提供適當的能量給燃燒物，它才可燃燒起來。活化能低，即表示需要開始產生反應的能量低，反應速率就會快。相反活化能高，即是需要開始反應的能量高，反應速率會慢。

因此，考慮見不見到一件物質變化，要同時考慮兩個因素，一是這個變化是否放熱反應，另外一個因素就是活化能是否很高。如果活化能很高的反應，那麼它的變化速率便會很低，即是說需要很長時間才可以產生可見的變化。

鑽石變為石墨是放熱反應，所以它會變為石墨，但這個變化的活化能十分高，所以這個變化的速率會很慢，可能需要幾億萬年才可見到它的輕微改變。即是說，如果我們有永恆的生命，就可以見到鑽石轉變為石墨。但我們的生命有限，所以在現世都未必見到鑽石的變化。

在我們有限的歲月裏，鑽石的確是永恆的。但在永恆的歲月裏，鑽石並不是永恆，的確是「剎那的光輝不代表永恆」。結論是：物質界內是沒有永恆的東西。

人 生 路

在人生裏，也是沒有永恆的事情，沒有事是不變的，任何事物都是暫時存在或出現，只是這個變化所需的時間長短而已，改變需時長並不表示不會改變。所以人有禍時，總會慢慢化為福；有福時，也可能慢慢變來禍，福禍並存相依。際遇一樣，有高時也會變低，否極泰來的變幻才是永恆。只要我們耐心等候這個轉變，事情總會變的，轉變時間長並不是表示不會變。

當然你在固定期限內要看見事情有所轉變，可能你會很失望，因為轉變速率太慢，未在你預期內有明顯的變化。以前我教學時，要求學生在指定期限內交功課，到期時有些學生總交不出功課。於是我問他：「你可以幾時交？」他答：「我會交的。」於是我幽默地向他說：「是的，我相信你會交。不過可能你下年升了班或畢業了才交功課呢！」可能這類學生，要大器晚成呢！

由此看來，任何人都可以改變，不論是是變好或變壞，如果這個改變的活化能高，即改變時需要巨大的能量，這個改變就會很慢，要耐心等候才可見到明顯的改變。如果改變的活化能低，即改變時只需少量能量，他的改變就會很快。正如如果我們要在規定的時間內，要求全部學生或某人對他的壞習慣或性格有所改變，多是失望的。因為有些人改得快，有些人又會改變得很慢，慢到出社會工作才見到改變，甚或至死都未變！世事又很奇妙，通常變好的活化能

高，需時長；而變壞的活化能低，需時短呢！「有謂變壞容易，變好難」。

其實有一類物質稱為催化劑（catalyst），可提供另外一條路徑去降低活化能而加快改變的速率。在人世裏，使人降低活化能而快些變好的催化劑，可能是慈愛的父母、良師（包括教師、社工、輔導員等專業人士）、或益友，甚至於是神呢！神有極大催化能力，只要你專注於與神交往，祂會令你改變的活化能降得很低，很快就會轉化了你的不良行為。

使人降低活化能而快些變壞的催化劑可能是社會的歪風、惡劣的學習環境、或損友等。這也是「近朱者赤，近墨者黑」的道理，朱和墨都有催化作用，加快人變好或變壞。真希望每個人除去壞習慣及改善行為時，活化能低！而跟從惡人道路的，或受人迷惑的反應，活化能高！這個世界就會變得愈來愈美好了。

你改變每種性格或習慣時，活化能高還是低呢？即是需要的能量高還是低呢？改變是快還是慢呢？

另外，有人會反駁，白頭到老的夫妻莫不是擁有長久不變的婚姻嗎？是的，只是計算他們生存的時間內。可惜，人是會死的，無人真的可以活到地老天荒。其中一位配偶過世後，無辦法再可證實他們是否仍能天長地久。結論是，人生都沒有永恆的婚姻。

既然今生沒有永恆，那麼怎樣才有不變的永恆？在眾多宗教裏，唯一有永生盼望的，就是信基督。人的心是渴望擁有永恆的，有了永恆的生命，人心才會滿足，才會有盼望和平安。「我們照祂的應許，盼望新天新地，有義居在其中。」（彼得後書三章 13 節）

本來神造人時，是給人永生。可惜人的自我，不遵守神的命令而犯了罪，所以人脫離了神，要經歷痛苦和死亡。要有永恆的生命，就是要認罪悔改，跟隨主耶穌。經上說：「耶穌就是道路、真理、生命。叫一切信祂的，不至滅亡，乃得永生。」

在永生裏，才有永恆不變的人與物。

經上說，在永生裏，沒有痛苦、沒有死亡，沒有咒詛。沒有世間的壓力和憂慮，不再有黑夜。「神要擦去他們一切的眼淚，不再有死亡，也不再有悲哀、哭號、疼痛，因為以前的事都過去了。」（啟示錄廿一章4節）與神同在，並有生命的提升，可以吃生命樹的果子。時常頌讚與歡樂，有永遠的福樂。公義代替不義。「在河邊與這邊與那邊有生命樹，結十二樣果子。」（啟示錄二十二章2節）全知代替了有限的知識和無知。「我們如今彷彿對著鏡子觀看，模糊不清，到那時，就要面對面了。我如今所知道的有限，到那時就全知道，如同主知道我一樣。」（哥林多前書十三章12節）

如此美好的天國環境，你期望有永生嗎？還是喜歡不斷輪迴在塵世中打滾？

至於天國何時來臨，耶穌曾預言：「耶穌說，你們要謹慎，免得有人迷惑你們。將來有好些人冒我的名來，說，我是基督，並且要迷惑許多人。你們聽見打仗，和打仗的風聲，不要驚慌，這些事是必須有的，只是末期還沒有到。民要攻打民，國要攻打國，多處必有地震，饑荒，這都是災難的起頭。」（馬可福音13章五至八節）

以上聖經的敍述真的很貼合現世處境，地震、饑荒、戰爭、瘟疫接踵不絕。我們應隨時警醒和準備，心靈與神結合，迎接永生的來臨！

　　「希望每個人除去壞習慣及改善行為，活化能低！而跟從惡人道路的，或受人迷惑的，活化能高！這個世界就變得愈來愈美好了。
　　最後祝大家都有永恆的生命，
　　不再受人間的生老病死、反常無常，以及變幻無常之苦了！
　　期望大家在永生裏相見！」

鑽石不會恆久不變
人生原來是需要永恆

（二）總結：
人生路四大方向

Na Ba Ca Cl K Br Cu

人生路四大方向

需時一生

 障礙

不損任何人的障礙：
@好心做壞事
@私欲橫行
@任性妄為
...............等等

需時大半生

 障礙

依賴少數人的障礙：
@身在福中不知福
@缺乏獨立能力
@缺乏安全感
...............等等

需時一生

障礙

愛護所有人的障礙：
@被很多敵人傷害而心靈受創
@拒絕接受現實
@不忿氣放下
...............等等

需時大半生

障礙

信任多數人的障礙：
@被朋友背叛或欺騙
@網上受騙錢財或感情
...............等等

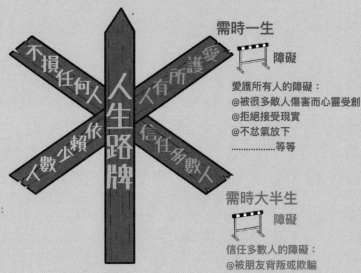

你見到這四條路背後十字架的榮光嗎？
你能背起這個十字架跟隨耶穌嗎？
神的恩典就是令你盡除障礙，步向永生，
無需不斷輪迴，走人生的循環路！

看完了前二十篇的繽紛化學人生路，可歸納出人生路有以下四個方向。循著這四個方向走，人生算是百戰百勝了！

愛護所有人，
信任多數人，
依賴少數人，
不損任何人。

愛護所有人：包括敵人

仇恨敵人，心裏不安。設計報復，心裏不寧。愛與寬恕，能得醫治和平安。別人犯錯得罪你，自有他受懲罰的時候，我們仍然可以有是非善惡的判斷，但切勿把別人的過錯來懲罰自己，令自己痛苦。你可對敵人生氣，耶穌都有生氣的時候，但耶穌不會心存報復。「生氣卻不可犯罪；不可含怒到日落」（以弗所書四章 26 節）。

人是罪人，很多時都會犯錯，誰敢說自己永無過錯，錯了也需要別人的原諒和接納。所謂推己及人，這樣你就先需原諒別人。

提到要愛敵人，真的是很困難，但愛，並不一定是喜歡。喜歡是一種情緒感受，愛是發自內心對人慈悲及幫助的行為。你可以不喜歡你的敵人，但可愛你的敵人，憐惜他犯的罪。愛是超越公義的嚴謹尺度，並使我們優先扶助弱勢群組。所有德行的實踐，都是基於愛。

「您的話是我腳前的燈，是我路上的光」（詩篇一百一十玖章 105 節）。

信任多數人：

人有罪性，總有軟弱和犯錯的時候。跟隨耶穌多年的彼得，眼見耶穌行了很多神蹟，都在耶穌被捉去釘十字架時，大難當前，恐受牽連，三次不認主。另外一個門徒猶大為了利益而出賣耶穌，他用親嘴作為記號，使人可適時捉拿耶穌。因此，表面對你行為親暱和交往密切的人，可能都會背叛你及離棄你。尤其面對現時網熱時代，網上騙案不易根查及追究，欺詐的人變得多了。但整體來說，大部分人都是可信任的。如果你不去信任別人，在你有諸內而形諸外的姿態行為下，使得別人也不會信任你，因而減少了可深交的朋友。只有少數虛假面目的偽君子，為了利益，就需要懂得防範，以免自己受傷害或損失。另外懂得提防商業交易或騙取感情和金錢的網騙，這也是人生的智慧。「時常行善而不犯罪的義人，世上實在沒有」（傳道書七章 20 節）。

依賴少數人：

依賴少數人的意思，是不要長時間或太多依賴別人的幫助。人生裏很多時候，別人都幫不到你，只有自己才可真正解決自己的問題。例如遇上疾病，雖有醫生的治療，但仍需靠自己心靈的意志力去克服病魔。「喜樂的心，乃是良藥」，人有自癒能力，常存喜樂，自然百病消除。當然，人不是萬能，在能力和情緒上可能有限制。有些時在心志脆弱的時候，我們的確又需要有個依傍，需要別人來關懷、安慰和支持。

我曾參加過一些有關身心靈的講座，提到人與人的關係，尤其是伴侶關係，應是「H」而不應是「A」的形態。初時都覺得頗有道理，

朋友或夫妻本是獨立個體，應有連繫，但不應互相依傍。但經過深思後，如果這樣形容親密關係，又覺得 H 字表現形態實在存在太多的疏離感，而且會有站不穩的狀態。所以我認為人與人間的親密關係應該是「A」而不應是「H」，無論是指夫妻或知己的關係。

經上記載女人是由男人的肋骨造成的：「因此，人要離開父母，與妻子連合，二人成為一體」（創世記二章 24 節），這帶有互相尊重與依傍的含意。我認為重點是 A 中的左右劃都要對稱和只靠近於頂點處，這表示親密關係是一種達致健康而又站得穩的平衡依賴狀態。有連結依傍點，也有獨立各自各生活點。而如果 A 字中的其中一斜劃偏向另一邊多了或長了，就造成不對稱的依賴狀態，也形成一個不是真正的「A」字了。這正是「A」佔英文字母中首位，而考試都要考到 A 級才算成功的道理。

不損任何人：

愛裏是沒有損壞與傷害的行為。任何理由都不應該成為傷害別人的理據。所謂義怒都是美化毀壞的行為，把此等行為正義化。與你認為的惡魔鬥爭，只會令你行為變成另一個惡魔，那你與當初所厭棄的惡魔，又有何分別呢！

當然，在人生裏，有些人要得到一些教訓後才會反省悔改，有謂「針唔拮到肉唔知痛」，不知悔改。所以因人犯錯而需承擔的責任，都是為他好，不算是損害行為。充滿慈愛的神都會責訓人，如經內所說，神以修剪葡萄樹的枝子作為比喻，使人結出好果子，變得完全。

備註：葡萄樹的生命力旺盛，其枝子如同蔓藤伸展至 35-40 公尺長。
　　　太多的枝子會遮檔彼此的陽光，減低光合作用，而且與果子
　　　競爭營養，因此修剪枝子是為結出好果子，並不是傷害葡萄
　　　樹的生長。

四大方向的障礙：

當然在經歷這四大方向的人生時，總會遇到一些障礙而不能完成目標。

例如你曾被很多人傷害而屢次心靈受創，或拒絕接受多次不快的現實，又或不忿氣去接受及放下等等，都會阻礙你去愛。

被朋友多次背叛或欺騙，網上曾受騙財騙感情等等，都會阻礙你信任別人。

有些人身在福中不知福，太多依賴身邊的伴侶或知己良朋，以致缺乏獨立能力，又或性格欠缺安全感等等，都會加重你依賴伴侶或朋友，令致不健康的心靈發展。

有些人好心做壞事，自私，任性妄為或任由私欲橫行等等，可能都會不知不覺中或蓄意地損害了別人。

以上種種障礙，除了靠自己堅強的意志，也可以靠神去跨過！背著十字架去跟隨耶穌，靠十字架的威力，可化成跨越深淵的助力。是你萬萬都想不到，它在何時何地及如何去輔助你渡過人生中每一個困境。

能完成十字架下的十字路，你就可獲得充實而成功的人生！

穹蒼妙韻

（三）甜心閣

1. 毋忘初心

曾有中學同學對我說：「你年年考第一，咁叻，為什麼要做教師？你可做更好的職業！」真的，同樣有「師」字，但教師不及「律師」、「會計師」、「醫師」地位高和薪金高。可是我自小都立志做教師，培育下一代一直是我的理想。

入到大學，我的志願都從未改過。因著當年「金禧事件」（香港於 1970 年代末發生的一次學生運動，有些中學生因罷課而欠缺上課），於是中文大學理科同學會便在暑假主辦理科的補習班，替中學生補習。我幸有機會在二年級擔任了統籌委員會主席校長一職，來試試及磨練我在教育的勝任能力。當年一班有 18 人，分別補習數學、物理、化學及生物四科，合共開了二十四班。暑補班除了為中學生補習科學科，更舉辦了很多課外活動，如射箭、獨木舟、球類比賽、科學製作和大型旅行等，以發展同學的身心，

以下是我當年在暑補班特刊中「暑補之聲」一篇文章的部分內容：

「從暑補之歌想起：

認識真理參加暑補你我相勉勵，並肩雙雙栽遍友誼花。盡歡過長邁開雙腿勇敢向前，朝著理想用功刻苦鬥志昂……哈囉，不怕困難艱辛。嘻嚓，斬開荊棘向前。哈囉，振起翅膀高飛。嘻嚓，那怕高山阻兩地。」

雖然如此，在我大學畢業時，都感前路茫茫，不知所措。一個新的階段，再沒有在大學時那麼幸福，有著師兄、師姐的指點，畢業後一切都得掌握在自己手中。

　　惆悵加上惘然的心情，使我無所適從，我開始真正再問自己一句：「我的目標？我的理想？我的未來路向？」我只能自我回答：「理想路？我摸不清。真正目標？我捉不到。」我心裏開始有點不甘於困於一兩份職業。但，政府工？無心戀棧做官生涯。從商？圓滑人面我又做不慣。教師？真的只有這一條出路？不服氣！

　　雖然當教師是我自小的志願，但不免對這似乎絕無僅有的路開始猶豫不決，有時會停下步伐來問自己一句：「你適合為人師表嗎？」「我的能力又不只限於做教師呀！」矛盾之間，終於也找到一份暫時性的工作，在中文大學裏任化學助教。

　　這份工作，初時認為是沒有前途。不過，當年發覺愈幹愈起勁，愈做愈開心。一直以來我不是以一種投入的心情和態度，去面對我前面的路嗎？無論做學生，系會主席、暑補班校長，我從未有怠慢的態度。雖然期間遇到困難或一些冷漠的反應，而感到氣餒，但最後也受到一種投入感所鼓舞，重新燃起積極的信心。

　　我真正明白到，我徬徨、迷惘、猶豫不定的最終原因，原來我一直都受一般人思想影響，要爬得高，賺得多，才能顯示自己的才幹。自此以後，我也不再問我的理想的職業，我只問我自己理想的做人和工作態度，以及幹出一番真正的事業。

在我所接觸的人裏，似乎有些人對於他自己的理想、目標感到自豪。但他實在有沒有投入於他自己的崗位，忠於自己所走的路？大多數現在所謂的理想，只是膚淺職業，怎樣使自己成為社會中有名有利的人，賺取高薪金錢。但對於他現有的工作，從不問自己究竟獻出了多少熱誠及專業精神，莫講是有使命感。

我立下我的目標，就是實實在在地做好任何在我面前的崗位，我願意獻出一股熱誠，投入自己，去面對、接受生活上每一樣無可避免的事情，每一件意想不到的工作。無論遇到何種困難和挫折，即使是不喜歡去遇見，但我仍能去接受，以致能於生活的階梯跨上一步，而又更清楚、更切實地逐步接近我真正人生的理想，「毋忘初心，砥礪前行」。

畢業時，我收到一份禮物，上面寫著：「歡笑伴著你。樂觀的因素，主要是主觀的努力和奮鬥。」真的，以後我會以一副笑臉去迎接任何事情。最後，問自己在四年大學得到什麼，我學到：「付出自己！積極、奮鬥加上一股熱誠！」

2. 教師事業的成果

我終於達成了我理想中的事業成就。教師，應是一種宏遠而有使命感的事業，而不是一個搵錢的安穩職業。我不甘於只做一個呆板、年年都是教著同樣內容的錄音機。我相信教育除了是教書外，更是與學生生命的交流。

這幾年，教師的專業地位漸漸下降，少部分學生、父母或社會界人士都對老師行業有所誤解，對一些害群之馬的行為概括化，把學生所有不當行為都好像歸咎於教師。行業本身是無貴賤或好壞之分，任何行業內都有好人壞人。學生在這網絡發展複雜的年代，他們實質變成怎樣的模樣，實在是同時間受著多方面因素的影響。所以學生的表現都可用本書中提到的「常規，反常和無常」去解釋。

的確，做真正好教師並不易，成長中的學生難分是非，很難即時接受一些嚴謹老師的訓導，「忠言逆耳」是人成長中正常的表現，要耐心等候學生開竅而改變。因此，在教育生涯中，每每由即時的成果去評估工作得失時，很多時會感到有些挫敗和無力感。

可是，我相信，只要盡心、盡意、盡性、盡力的去教育學生，學生最後會認同你對他們的愛，即使他們未必為你而即時改變他們固有學習態度和行為。他們暗地裏會感謝你，或明顯地表示，都形成很強的鼓勵和動力，成為了我繼續孜孜不倦去教育學生的原因。雖是物輕，但情義卻重。只要想起，都甜在心窩裏！

在這裏，我為所有付出的老師打氣！加油！

下面是一些甜心的例子，作為你我在勞力工作下的鼓勵：

家 長 的 回 應 ：

「Ms Ho，非常感激您替 Sonya 補習，您的用心指導令不易教的 Sonya 也貼服，認真勁！」

「海賢今天的成就，多謝 Ms Ho，您都有唔少功勞㗎」。家長通知我海賢已做了內科（呼吸）專科醫生。

「Miss Ho,

We are happy to tell you that Eunice got good results in A level chem A. She can be admitted to Cardiff Medical School.

Thank you very much for your help in her study. She can't do it without you.」

「Ms Ho, I would like to update you about the progress of Charlotte. She is now studying Lower 6 in UK. She will sit for A level exam next academic year. She mentioned that you helped her a lot in GCE chemistry in which she scored an A grade last year. She would like to see if you are still be free to give her tutorials to prepare for A level whenever she come back HK. Thank you.」

舊 生 的 回 應 ：

「Ms Ho，我愈來愈喜歡化學，讀其他書讀到悶時，就會拿起本化學書睇。」

成績最好的學生表示：

「我很少遇到風趣幽默嘅老師，通常老師講書嘅時候都係完全跟著課本講，你會講一啲有趣嘅知識俾我哋聽，又叫我哋做人唔可以死板，要識得靈活變通。

而且你講書好有趣。

同埋你好願意解答我哋嘅問題，所以我哋都好唔捨得你」

「Ms Ho 您咁好人 教得咁好 上堂都無咁悶（✧ω✧）」

一成績中等又時常讚我靚的學生表示：

「您除了靚，Ms Ho 你係認真對學生 + 有問必答 ge」

一位成績較弱的學生表示：

「你比其他老師溫柔」

學生的物輕情義重：

一日，在一間食店遇見久未見面的舊生。她很開心的說：「Ms Ho，當年你教我數學一年後，我成績突飛猛進。雖然我最後會考成績不理想，但我時常都向我男朋友提起你的好㗎」。她再靜靜同我講：「你不用埋單了，我已為你找了數！」

一次母親節，教導學生做禮物給母親時，他反做了給我，並給了我一張感謝的字條，更對我說，「他日你我都老了，我會叫我的仔女帶你出街玩。」

To Ms Ho. Thank you for your teaching. I will remember you fovever before I die!

8-5-15

窵蒼妙韻

169

何老師
　　謝謝您♡!
Thank you very much
　謝謝您的付出♡!!

親愛的何老師:
　　您好啊❤ 謝謝老師您這些
天的用心和付出♡! 雖然我們很
吵,有時候也不聽您的話,但我
們還是很喜歡您的(ᴗᴗ)ﾉ

♥　　♥　　♥　13.2.2018
　　　　　　　2B學生

Dear Mrs Ho,

　　謝謝妳 三年來的悉心教導,
不離 不棄。

　　願捨棄自己的時間為我們補課,
還花時間心機製作猶如補習班般
的筆記。

　　記得我們由最初的40人到現在的
25人,是妳令我們堅持下去。

　　三年了,一個不長也不短的時日,
我們一起並肩作戰的日子,永不忘懷!

　　" Chemistry" Chan is try !!!

Thank you ~　　　　Love,

Miss Ho,

　　告訴你 一個秘密,我從 小到大
都 極之喜歡化學,而自小我也
夢想成為化學家。而升上中學後,
當我知道有位教化學非常勵害的
女老師,並立志要由該老師教授化學。
最後當然夢想成真。很抱歉我每次
都不能完美地完成各測驗考試。
雖然我上課時很笨,但對於你
的每一句話,我都銘記在心。
Merry Christmas! 學生必盡全力
考取化學科星级成績!

18/12/2013

穹蒼妙韻

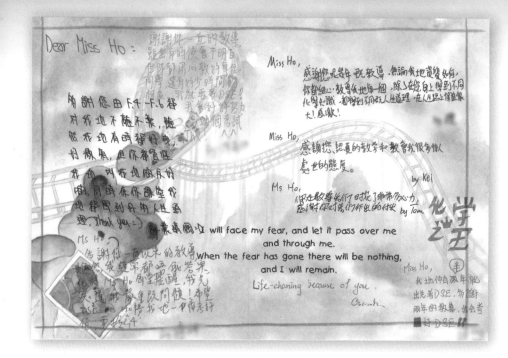

記得多年前聽到一個海星的故事：

「一個男孩，十分熱愛海洋生物。每天潮退後，他總愛把困在沙灘上的海星拋回海裏。

一位老人見狀搖頭說：「你這樣做是枉費精力，潮漲潮落，總有很多海星會被困在沙灘上，憑你小小的力量又能將幾多海星放回海裏去呢！」

小男孩認真思索一會，繼續把海星拋進海裏，喃喃地說：「不會是白費的，無論怎樣，對這海星來說就是一個生存的機會。」

教育是
「一個都不能少！」

穹蒼妙韻

穹蒼妙韻

繽紛化學人生路

Learn 060

書名：	穹蒼妙韻——繽紛化學人生路
作者：	何玉芳
編輯：	AnGie
設計：	4res
封面設計：	Moon・N
插圖設計：	何玉芳
繪圖：	梁嘉欣，陳心祈
出版：	紅投資有限公司
地址：	香港灣仔道133號卓凌中心11樓
出版計劃查詢電話：	(852) 2540 7517
電郵：	editor@red-publish.com
網址：	http://www.red-publish.com
香港總經銷：	聯合新零售（香港）有限公司
台灣總經銷：	貿騰發賣股份有限公司
地址：	新北市中和區立德街136號6樓
電話：	(866) 2-8227-5988
網址：	http://www.namode.com
出版日期：	2022年7月
圖書分類：	自然科學、人生哲學
ISBN：	978-988-8556-09-0
定價：	港幣118元正／新台幣470圓正